快乐玩数独
入门（教学版）

北京市数独运动协会 新新数独发展总部 编著

机械工业出版社
CHINA MACHINE PRESS

本书全面系统地介绍了数独常见的技巧和解题思路，适合各年龄段数独爱好者学习掌握数独解法。书中采用技巧示意图讲解、卡点解答、真题详解、解题心得等多角度教学互动形式，有助于读者快速学习数独核心技巧。书中精选了配合不同技巧的练习题，使读者在理解解法后可以立刻有针对性地进行练习，事半功倍地消化书中内容。

图书在版编目（CIP）数据

快乐玩数独・入门：教学版／北京市数独运动协会，
新新数独发展总部编著. —北京：机械工业出版社，2019.10（2022.10重印）
ISBN 978－7－111－63697－7

Ⅰ.①快… Ⅱ.①北… ②新… Ⅲ.①智力游戏
Ⅳ.①G898.2

中国版本图书馆 CIP 数据核字（2019）第 204505 号

机械工业出版社（北京市百万庄大街22号　邮政编码100037）
策划编辑：王淑花　朱鹤楼　　　责任编辑：于化雨
责任校对：刘雅娜　　　　　　　封面设计：吕凤英
责任印制：张　博
保定市中画美凯印刷有限公司印刷
2022年10月第1版・第3次印刷
169mm×239mm・12.5 印张・191 千字
标准书号：ISBN 978－7－111－63697－7
定价：39.80元

电话服务	网络服务
客服电话：010-88361066	机 工 官 网：www.cmpbook.com
010-88379833	机 工 官 博：weibo.com/cmp1952
010-68326294	金　书　网：www.golden-book.com
封底无防伪标均为盗版	机工教育服务网：www.cmpedu.com

前　言

北京市数独运动协会（以下简称"协会"）是由北京广播电视台、北京奥运城市发展基金会、北京市体育总会共同发起成立的协会，是世界智力谜题联合会在中国的唯一授权机构，致力于在国内推广普及数独这项智力运动。协会承担研究制定数独运动发展规划、竞赛训练规定以及全年竞赛流程和规则，选拔和推荐国家队队员参加每年一度的世界锦标赛等职责。此外，协会还承担推广普及数独运动的职责，通过吸纳会员、充分利用媒体资源开办数独节目、创办专业杂志、举办大型活动、策划出版数独书籍、深入开展培训等方式，提高数独运动在全社会的普及率和参与率。近年来，在协会强有力的推动下，数独进校园、进社区等普及活动蓬勃开展，截至2018年年底已组织各类讲座及段位考试数百场。此外，协会还长期为《北京青年报》《法制晚报》等报刊供题。

为更好地满足广大数独爱好者的需求，协会根据近年来国内数独发展情况并结合多年培训经验精心编写了"快乐玩数独"系列丛书，适合各年龄段数独爱好者阅读学习。本套丛书讲解通俗易懂，搭配的示意图生动典型，零基础的爱好者也可以顺利启蒙入门。跟随数独讲解训练一步步掌握技巧并加以练习，相信读者很快就可以解答数独题目。

本书系统全面地介绍了标准数独的各级别常用解法，如排除法、区块技巧、数对占位技巧以及唯余法和显性技巧，附带技巧示意图、原理阐述、例题详解、卡点讲解等多角度教学内容，并配有针对不同技巧进行训练的练习题，很适合初级爱好者自学和训练。相信书中系统的教学内容可以帮助读者快速地梳理数独解题思路，并建立起科学的观察模式和思维体系。

数独运动是一种脑力训练，不仅可以训练读者的逻辑思维能力、全局观察能力，还可以潜移默化增加读者的细心程度和破解难题的信心。比如，在学习和练习数独的过程中，可以将学习到的思维模式应用到日常生活及其他学科中，相信读者可以获得更多处理棘手问题的思路和灵感。

北京市数独运动协会培训师刘一鸣为本书内容的编写提供了大力支持，特此鸣谢。

目　录

前　言

第一章　数独简介 / 001

第二章　四宫数独、六宫数独讲解 / 007

第三章　六宫数独进阶解法 / 027

第四章　九宫数独入门 / 041

第五章　宫内排除法入门 / 055

第六章　宫内排除法进阶 / 069

第七章　区块排除法入门 / 083

第八章　区块排除法进阶 / 097

第九章　行列排除法讲解 / 111

第十章　排除法综合讲解 / 123

第十一章　数对占位法入门 / 137

第十二章　数对占位法进阶 / 151

第十三章　综合练习 / 165

附　录　数独练习题答案 / 171

6 7 4 3 2 9 8 1 5

第一章
数独简介

"码"上听课

扫码关注公众号
回复"数独入门"
免费获取配套课程

6 7 4 3 2 9 8 1 5

　　数独是一种以数字为表现形式的填空类益智游戏。数独规则简单明了，题目容易上手、形式灵活，做题过程不受场所限制，是一种风靡世界、老少咸宜的健脑游戏。

　　数独不仅可以锻炼做题者的观察能力和逻辑推理能力，还可以培养做题者的专注力和克服困难的信心。在解题过程中，做题者需要从多种视角观察线索，运用不同的思路去思考解题，对分析、推理、全局统筹及举一反三等能力有较全面的考查和训练作用，教育心理学家一致认为玩数独是一种绝佳的锻炼大脑的方法。

　　数独游戏入门门槛低，不受文化和语言的限制，只要认识数字1到9，用一支笔和一张纸就能玩。不过数独的难度跨度非常大，种类又非常多，不少难题对于顶尖高手来说也很棘手。总之，数独既简单又变幻莫测，既传统又充满时尚元素，其魅力就在于严谨的逻辑背后又蕴含着丰富的趣味性。

　　逻辑思维能力在今后的数学、物理、化学等理科科目的学习中尤为重要，应从小培养。小学生常做数独，观察力与逻辑推理能力都会得到大幅提高，对于后续的中学学习乃至大学学习过程中培养抽象的理科思维方法都很有帮助。

一、数独的历史与现状

　　数独的形式最早可追溯到我国古代的河图洛书（见图1-1），现代数独的雏形是18世纪瑞士天才数学家欧拉所创的拉丁方阵（见图1-2）。20世纪70

年代，美国的一本杂志以"数字拼图"的名称将其重新推出。1984年被引入日本，将其加以改良重新命名为"数独"，同时又加入了更多条件，形成了外形固定且种类丰富的现代数独。1997年香港高等法院法官高乐德到日本旅游时发现数独游戏，随后他在英国的《泰晤士报》上发表数独专栏，不久以后数独便风靡了全英国。之后他又在网络上建立数独论坛，使全球玩家可以系统全面地了解数独和学习数独技巧，加速了数独在全世界范围的流行。

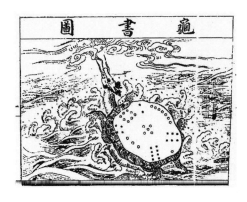
图1-1

图1-2

数独从2000年以后进入中国，国内一些报纸开始刊登数独题目，市面上开始出现一些数独题集。从2007年开始，国内每年定期都会举办中国数独锦标赛，选拔当年水平较高的玩家去参加每年一度的"世界数独锦标赛"。近年来，中国选手在世界数独锦标赛中成绩优异。

如今，不同社会群体的数独活动在全国各地蓬勃开展，报纸杂志上常能见到数独类的益智游戏，国内数独相关书籍的种类繁多，各种数独游戏软件也出现在智能手机的各大应用商店中，很多大城市的中小学校都将数独作为兴趣课列进了教学范围。各方资源的不断积累为数独后续的推广和普及奠定了坚实的基础。

如今的数独流行度已不可估量，我国每年都会举办中小学数独比赛或全国青少年数独大赛，根据选手的年龄段分为不同的组别，竞技数独。目前我国的数独发展正走向上坡路，2017年我国团体成绩在世界数独锦标赛中取得冠军，打破历届比赛最佳记录。而如今的中小学考试、竞赛，出题者都喜欢以数独作为压轴题"难为"一下大家。

二、数独中元素的名称

数独元素和它们的名称在后续学习与沟通中使用频繁,需要大家对这些概念熟知,这也是本章的一个重要知识点。

图1-3为元素示意图,图中我们需要重点了解行、列、宫的概念和名称,这些概念的具体说明如下:

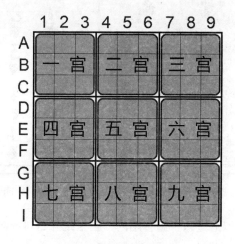

图1-3

格:数独盘面中最小的单位,里面最终只能填入一个确定的数字。

行:由一组横向9格组成的区域,从上到下依次命名为A行、B行、C行、D行、E行、F行、G行、H行和I行。

列:由一组纵向9格组成的区域,从左到右依次命名为1列、2列、3列、4列、5列、6列、7列、8列和9列。

宫:由一组被粗线划分成的3×3方形9格组成的区域,从左上到右下依次命名为一宫、二宫、三宫、四宫、五宫、六宫、七宫、八宫和九宫。

坐标(格的名称):在了解行和列的名称后,可以根据行和列的名称组合叫出每个格的名称,例如F行和6列交点的格子可称为F6格。

在熟悉图1-3中各元素的名称后,就方便我们在今后学习中的沟通交流了。

三、数独规则与玩法

在本书中所提的“数独”专指“标准数独”，也就是我们在市面上最常见到的九宫形状，只要求最常规的“行”“列”和“宫”这三个区域内数字不能重复的数独题目。

标准数独规则：将数字1~9填入空格内，使每行、每列及每个3×3格组成的粗线宫内数字不能重复。

图1－4为一道数独题目初始的样子，数独盘面由9×9格共81格组成，题目开始会给出一些已知数字，我们将这些已知数字作为前提条件，根据数独规则的要求，多角度观察条件并使用数独技巧在空格内填入1~9这九个数字。最终要达到图1－5中的样子，即每个横行内数字都为1~9，每个竖列内数字都为1~9，每个由粗线划分出的方形宫内数字也都为1~9。同时达成上述的三个条件，答案即为正确。我们做数独的目标就是将题目每步推算都运用到逻辑推理能力，在空格内填数，直到将空格填满，得到该题目的答案。

	4	3				8	9	
6			4		5			2
9				6				5
	3		1		2		4	
		4				5		
	9		5		6		3	
4				1				3
3			8		4			7
	7	1				2	5	

图1－4

5	4	3	7	2	1	8	9	6
6	8	7	4	9	5	3	1	2
9	1	2	3	6	8	4	7	5
7	3	5	1	8	2	6	4	9
1	6	4	9	7	3	5	2	8
2	9	8	5	4	6	7	3	1
4	5	6	2	1	7	9	8	3
3	2	9	8	5	4	1	6	7
8	7	1	6	3	9	2	5	4

图1－5

四、思考题

大家可以思考一下下面的题目，看你能否根据数独规则而推理出一些填数的方法？

	7		2	9	8	4	5	
2	9	8	5			7	1	3
4	5		7		3		9	
9		3		5		1	4	7
1			8		7			5
5	2	7		4		3		8
	1		3		6		8	4
8	4	2			5	6	3	1
	3	5	4	8	1		7	

图 1-6

第二章
四宫数独、六宫数独讲解

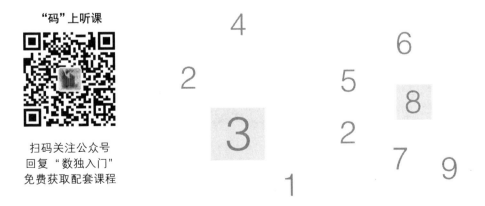

6 7 4 **3** 2 9 **8** 1 5

> **本章知识点**
> 1. 了解四宫、六宫数独的基本解题思路；
> 2. 深刻理解"不能重复"的概念。

> **学习目标**
> 1. 四宫数独、六宫数独的入门；
> 2. 可以比较系统地求解简单的四宫数独、六宫数独。

通过上一章的学习，我们掌握了数独中行、列、宫的概念以及单元格的坐标表示方法：行用大写字母 A~I 表示（如 B 行），列用阿拉伯数字 1~9 表示（如 3 列），格的坐标由所在的行号和列号表示（如 B 行和 3 列相交的格子称为 B3 格）。请大家熟练掌握，在今后的学习中，我们会用到这些表示方法来对具体的题目进行讲解。本章我们从最基础的四宫和六宫数独开始入手，当大家深刻理解了"不能重复"的概念后，简单的数独便可以迎刃而解。

下面通过两个简单的示意图，让大家深刻体会"不能重复"的含义。

一、四宫、六宫入门解法示意图

首先，我们学习如何填唯一的剩余数。如图 2-1 所示，四宫标准数独需填入数字 1 ~4，使得行、列、宫内数字均不重复。首先观察一宫，在一宫内已知数有数字 1、2、3，一宫中还剩下一个空格 B2 可以填入数字。这时，“不重复”的概念显得尤为重要，如果 B2 填入 1 ~3 的其中一个数字，必然会使得该宫出现重复的数字，而四宫规则限制了填数范围只能是 1 ~4，因此只剩下唯一的可能性：B2 =4，如图 2 – 2 所示。这种推算方法就是我们每道题基本都会用到的“补空法”。除了在宫中补空，在某行或某列中补空也须熟练掌握。例如图 2 – 1 中 A 行，已知数为 1、2、4，唯一的空格 A3 通过“补空法”推算只能填 3，否则会导致“重复”；1 列中已知数为 1、3、4，该列唯一的空格 D1 只能填 2，才可使得该列“不重复”。综上，若某行、某列或某宫中只剩下一个空格，我们便可以通过“补空法”排查并填出空格中仅剩的数字。

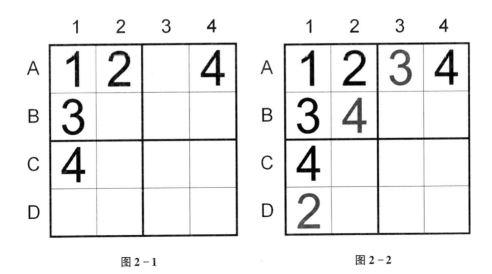

	1	2	3	4
A	1	2		4
B	3			
C	4			
D				

图 2 – 1

	1	2	3	4
A	1	2	3	4
B	3	4		
C	4			
D	2			

图 2 – 2

下面难度升级，我们来看一个六宫数独的例子。如图 2 – 3 所示，本例中并没有可以补充的空，我们可以运用“不能重复”条件来进行排除。观察一宫，给出的已知数中并没有数字 6，这说明数字 6 需要填在 A1、A3、B1、B2 其中的一个空格中。而后我们可以利用一宫外的已知数条件进行逐一排除。由于 B5 =6，根据“不能重复”的规则 B 行中不可再出现 6，因此排除了一宫中 B1、B2 填 6 的可能性；继续观察发现 E3 =6，同理可知 3 列中也不可再出现数字 6，因此排除了一宫中 A3 填 6 的可能性。经过推算，一宫中除去已知数外，原有的四个可能填 6 的空格，经如上排除后只剩下唯一一种可能性，即 A1 = 6。这种推算方法就是数独最基本也是最重要的方法——宫内排除法，在后面的学习中我们会对该方法进行详细的介绍，这里主要掌握如何理解"不能重复"的条件即可。

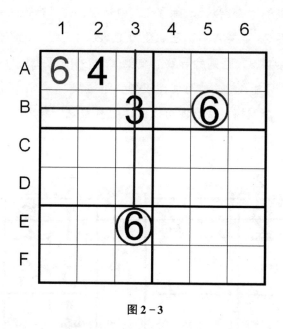

图 2-3

二、真题卡点讲解

相信经过两个示意图的讲解，大家对于数独的基本规则有了深刻的认识，下面看一道真题，通过本例再一次练习之前学习的推算方法。如图 2-4 所示，这是一道解出一半的数独真题，下一步该如何入手呢？观察二宫，运用宫内排除法，由 A3 的 1 可以排除掉空格 A5、A6 中填 1 的可能性，由 D6 的 1 可以排除空格 B6 中填 1 的可能性，因此二宫中只剩下一个空格可以填 1，即 B5 为 1。

接下来观察 5 列，不难发现，5 列中已有 1~5，根据"不重复"规则，空格 A5 只能填 6，如图 2－5 所示。本题综合了“补空法”和简单的排除法。

	1	2	3	4	5	6
A			1	5		
B				4	1	
C				3	2	4
D	4	2	3	6	5	1
E	2			1	4	6
F		1		2	3	5

图 2－4

	1	2	3	4	5	6
A			1	5	6	
B				4	1	
C				3	2	4
D	4	2	3	6	5	1
E	2			1	4	6
F		1		2	3	5

图 2－5

三、例题详解

经过示意图讲解和真题演练后，大家对于四宫数独和六宫数独的基本解法有了初步的了解。只要时刻运用“排除”和“补空”两大法宝，就可以推算简单的四宫、六宫数独。

如图 2－6 所示，这是一道简单的四宫数独题，一般情况下，我们从已填数字多的位置或者已填入次数较多的数字入手，解题速度会快一些。本例我们采取从已填数字多的宫入手。观察二宫，已知数为 2 和 4，缺少 1 和 3。由 C3 的 1 可以排除掉 B3 填入 1 的可能性，因此二宫的 1 只可填在 A4，这样一来，二宫出现了可以补充的空格，即 B3 =3。同理，观察三宫，由 C3 的 1 排除 C2 格填 1 的可能性，因此三宫的 1 只能填在 D1，剩余的一个空格可以补充，即 C2 =4，如图 2－7 所示。

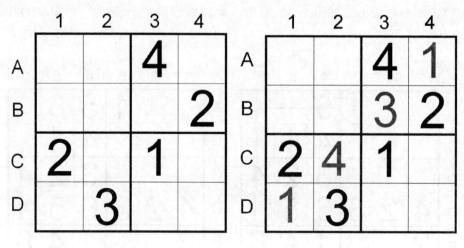

	1	2	3	4
A			4	
B				2
C	2		1	
D		3		

图 2-6

	1	2	3	4
A			4	1
B			3	2
C	2	4	1	
D	1	3		

图 2-7

下面我们以简单排除法入手，再补空格即可全解一宫和四宫。观察一宫，由 B4 的 2 可以排除掉 B1、B2 填 2 的可能性，由 C1 的 2 可以排除 A1 格填 2 的可能性，于是一宫中的 2 只能填在 A2。同理，B3 的 3 可以排除掉一宫中 B1、B2 填 3 的可能性，因此一宫的 3 只能填在 A1；由 C2 的 4 可以排除掉 B2 填 4 的可能性，因此容易得到 B1 =4；此时一宫只剩下一个空格，容易补空，即 B2 =1，如图 2-8 所示。

四宫同样运用先排除后补空的方法求解，在此不再赘述，答案如图 2-9 所示。

	1	2	3	4
A	3	2	4	1
B	4	1	3	2
C	2	4		
D	1	3		

图 2-8

	1	2	3	4
A	3	2	4	1
B	4	1	3	2
C	2	4	1	3
D	1	3	2	4

图 2-9

了解了四宫数独的解题方法，下面我们进阶一下，来求解一道六宫数独题，如图2-10所示。在此题中使用的方法和解题步骤与图2-6类似，然而数字多了两个，难度稍有提高。

本题我们采取先从已填入次数较多的数字入手，统观全图，数字4填入次数较多，我们可以先试图攻破全盘的4。观察三宫，由C4的4可以排除掉C1、C2、C3中填4的可能性，因此4只可填在D2；同理，观察五宫，由E6的4排除E1、E3填4的可能性，由A1的4排除F1填4的可能性，得到F3=4。如图2-11所示。

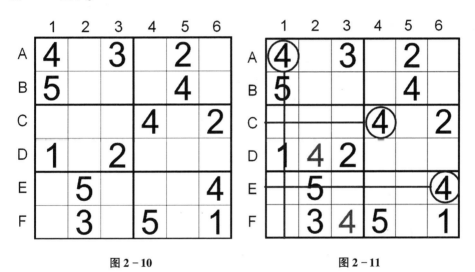

图2-10　　　　　　　　图2-11

我们继续观察已填次数较多的数字2和5。观察一宫，由A5的2和D3的2分别排除A2和B3格填2的可能性，得到B2=2；二宫中，由B1的5和F4的5分别排除B4、B6和A4填5的可能性，得到A6=5；三宫中，由B1的5和E2的5分别排除C1和C2填5的可能性，得到C3=5，如图2-12所示。

观察四宫，由C3、F4、A6的5分别排除C5、D4、D6填5的可能性，得到D5=5；下面先看六宫，由A5的2可以排除E5和F5填2的可能性，得到E4=2；再由E4的2，可以排除E1、E3填2的可能性，得到五宫F1=2，如图2-13所示。

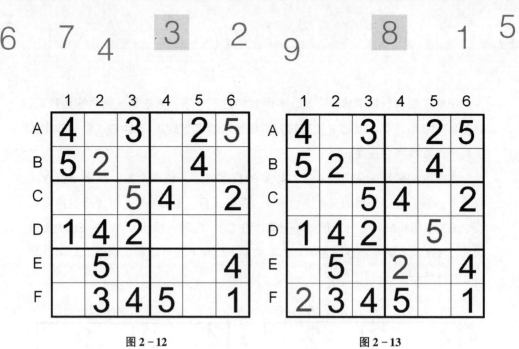

	1	2	3	4	5	6
A	4		3		2	5
B	5	2			4	
C			5	4		2
D	1	4	2			
E		5				4
F		3	4	5		1

图 2 - 12

	1	2	3	4	5	6
A	4		3		2	5
B	5	2			4	
C			5	4		2
D	1	4	2		5	
E		5		2		4
F	2	3	4	5		1

图 2 - 13

接下来我们对全盘的 1 和 3 进行求解。观察三宫，由 F2 的 3 可以排除 C2 填 3 的可能性，得到 C1 =3；四宫中，由 D1 的 1 可以排除 D4 和 D6 填 1 的可能性，得到 C5 =1；五宫中，由 D1 的 1 排除 E1 填 1 的可能性，得到 E3 =1；六宫中，由 F2 的 3 可以排除 F5 填 3 的可能性，得到 E5 =3，如图 2 - 14 所示。

回看一宫，由 E3 的 1 可以排除 B3 填 1 的可能性，得到 A2 =1；再由 A2 的 1 和 F6 的 1 分别排除 A4 和 B6 填 1 的可能性，得到 B4 =1；再由 A3 的 3 排除 A4 填 3 的可能性，得到二宫 B6 =3；最后回看四宫，由刚推算出来 B6 的 3 可以排除 D6 填 3 的可能性，从而得到 D4 =3，如图 2 - 15 所示。

	1	2	3	4	5	6
A	4		3		2	5
B	5	2			4	
C	3		5	4	1	2
D	1	4	2		5	
E		5	1	2	3	4
F	2	3	4	5		1

图 2 - 14

	1	2	3	4	5	6
A	4	1	3		2	5
B	5	2		1	4	3
C	3		5	4	1	2
D	1	4	2	3	5	
E		5	1	2	3	4
F	2	3	4	5		1

图 2 - 15

我们按照4、2、5、1、3的顺序全解了五个数字，至此每一个宫（或行或列）中均只剩下一个空格未填，由于数字1~5已全解，因此剩下的所有的空格都可填6，答案如图2-16所示。

	1	2	3	4	5	6
A	4	1	3	6	2	5
B	5	2	6	1	4	3
C	3	6	5	4	1	2
D	1	4	2	3	5	6
E	6	5	1	2	3	4
F	2	3	4	5	6	1

图2-16

四、本章总结

本章我们熟悉了四宫、六宫数独的基本解题方法，现将方法总结如下。

拿到一道四宫数独或六宫数独的题目，我们一般从已填次数较多的数字或者已知数较多的宫、行或列入手，运用"不能重复"的条件，横向或纵向排除宫内填入数字的可能性，得到唯一确定的数字位置；在排除的过程中，我们不时会遇到某宫、某行或某列中只剩下一个空格的情况，此时可以通过数字排查及时补全，当然我们也可以像本章图2-10中按照数字的顺序完成解题。

通过本章的学习，大家有没有对"不能重复"这一规则有深刻的理解呢？在后续系统学习的排除方法都是通过这一规则而演变的，请大家及时复习简单的四宫、六宫数独的解题方法，下一章我们将提升六宫数独的难度，进一步讲解通过"不能重复"的规则而得的排除法。

五、本章练习题

第 1 题　　　　　　用时：________

		4	
	1		3
2		1	
	4		

第 2 题　　　　　　用时：________

4		1	
		3	
	4		
	1		3

6 7 4 3 2 9 8 1 5

第 3 题　　　　　用时：_____

1	2		
2			3
	1		2

第 4 题　　　　　用时：_____

		4	
	4		3
3			
	1		

6 7 4 3 2 9 8 1 5

第 5 题 用时：_____

	3		4
2			
			2
		1	

第 6 题 用时：_____

1			
		1	
	4		
			3

6 7 4 3 2 9 8 1 5

第 7 题　　　　用时：_____

	2		
			3
4			
		3	

第 8 题　　　　用时：_____

	4		1
1		2	

第 9 题　　　　用时：________

1		3	
	3		4

第 10 题　　　　用时：________

3			
			1
4			
			3

第 11 题　　　　用时：________

5		3			
	4		5		
2			4	1	
	6	4			2
		2		6	
			2		5

第 12 题　　　　用时：________

1		4		2	
		3		1	
			5		1
3		5			
	3		1		
	6		2		3

第 13 题　　　　用时：________

6		2		1	
		4		2	
			2		3
3		6			
	6		4		
	5		6		2

第 14 题　　　　用时：________

5		4			
		3	5		
2	4			1	
	3			2	5
		6	1		
			6		3

第 15 题　　　　用时：_____

	5		3		4
	3	4			
				6	3
2	6				
			1	3	
3		6	2		

第 16 题　　　　用时：_____

		1		4	
4			3		
	6				2
3				5	
		2			3
		1		2	

6 7 4 3 2 9 8 1 5

第17题　　　用时：_____

	4			1	
1					6
		3	1		
		2	5		
3					4
	5			3	

第18题　　　用时：_____

		5		1	
				5	3
2		3			
			3		1
5	2				
	4		2		

第19题　　用时：_____

							4	1
3	4							
				6				3
1		6						
							6	4
6	5							

第20题　　用时：_____

		4						3
	1	2						
6					2			
	2							5
				1	3			
2				6				

8 6

7 4 3 2

1 5 9

第三章

六宫数独进阶解法

“码”上听课

扫码关注公众号
回复 “数独入门”
免费获取配套课程

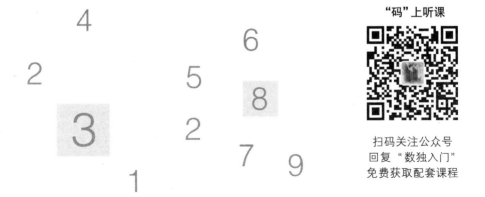

6 7 4 3 2 9 8 1 5

> **本章知识点**

1. 复习简单的排除法，快速观察，用排除法确定数字位置；
2. 理解从行或列的角度进行排除。

> **学习目标**

1. 遇到卡点，可以从行或列的角度来进行观察；
2. 理解行列排除的原理，并学会初步的应用。

在上一章的学习中，我们初步讲解了简单的四宫数独和六宫数独的解题步骤，相信大家对于"排除"和"补空"的基本操作也能够掌握。不过并不是所有的四宫、六宫数独只通过基本排除就可以解决，因此本章将为大家介绍一种进阶型的排除方法，专门攻克通过简单排除无法全面解题的情况。我们以两个示意图为例进行详细说明。

一、六宫进阶解法示意图

如图 3-1 所示，这道题运用上一章的简单排除方法已经无从入手了，这个时候我们观察到 E 行的数字较多，可以从行的角度进行排除。在 E 行中，已知数有 3、5、6，推算出剩余的三个空格 E2、E5、E6 中一定有一个格填入 1。进一步观察 E 行外的已知数，发现 B2 为 1，说明 2 列不可再出现 1，否则重复，即 E2 不可为 1；而 C6 也为 1，这意味着 6 列也不可再出现 1，即排除了 E6 填 1 的可能性，这样一来，E 行中的 1 只能填在 E5 这一格了。这便是本章所要讲解的六宫进阶排除法，与上一章简单的排除法相比，主要区别在于简单排除是以宫为基准，即前提条件是宫中的空格须有某数，从而由宫外其他已知数进行排除，而本章的进阶排除法是以行或列为基准，以某行或某列中必有某数为前提进行排除。此方法即为后面章节中将详细讲解的"行列排除法"。此方法主要运用在某行或某列剩余空格较少的情况，在此仅需初步了解掌握即可，后续我们会进一步学习。

如图 3-2 所示，在这一例中，使用之前的简单排除无法进行有效的推算，我们依旧需要以行列为基准进阶排除。观察数字最多的 4 列，除已知数 2、4、5 外，剩余的三个空格 A4、B4、F4 中须存在数字 3。此处存在一个容易被大家忽略的地方：有的人认为 B6 的 3 可以通过行排除 B4 填 3 的可能性，这没有什么问题，但是请大家进一步思考，B6 的 3 只能排除 B4 格这一个格填 3 的可能性吗？答案当然是否定的。我们熟悉了图 3-1 的解题方法，可能下意识去用 4 列外已知数相应的行去排除，殊不知，B6 格也属于二宫，B6 格的 3 除限制了 B 行不可再出现 3 外，还限制了二宫内不可再出现 3，这就又排除了 A4 格填 3 的可能性。于是 4 列中只剩下一个格可以填入 3，那就是 F4。通过上面两道例题，我们可以清晰地认识到：本章所涉及的进阶排除法不仅可以运用已知数所在的行列进行排除，还可以运用已知数所在的宫进行排除，这是区别于上一章所讲的简单排除法的地方。

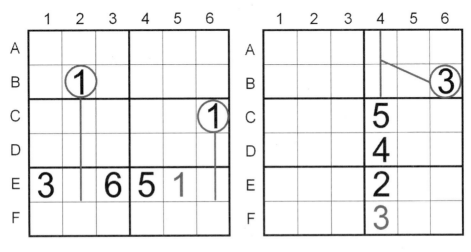

图 3-1   图 3-2

二、真题卡点讲解

通过以上两个技巧示意图的讲解，相信大家已经初步理解了本章中的进阶排除法该如何使用。在一般情况下，我们观察到某行或某列中含有的已知数较多，运用该排除法就很可能挖掘出新线索。下面我们看一道真题，如图3－3 所示。

本题已经过简单的排除，此时使用上一章讲到的简单排除和“补空”已无法继续推算，此时须要用到本章所学到的新型排除法才可以继续推算。观察 2 列，已知数有2、3、5、6，因此剩余的两个空格 B2、E2 必有一个是 1；再往该列外看，观察发现 E4 有1，我们可以用这个 1 横向排除掉 E2 格填 1 的可能性，从而得到 B2 =1，如图 3－4 所示。

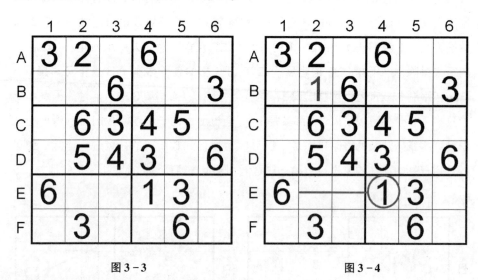

	1	2	3	4	5	6
A	3	2		6		
B			6			3
C		6	3	4	5	
D		5	4	3		6
E	6			1	3	
F		3			6	

图 3－3

	1	2	3	4	5	6
A	3	2		6		
B		1	6			3
C		6	3	4	5	
D		5	4	3		6
E	6			1	3	
F		3			6	

图 3－4

本题就是典型的必须运用进阶排除法才可以解决的问题。2 列中剩余一个空格可以直接补充，在此不再进行详细说明。

三、例题详解

经过几道例题的学习，相信大家对本章所讲的进阶排除法有了深刻的印象。运用进阶排除法解题在观察难度上一般会高于利用简单的排除法解题，因此做题时，我们一般先从简单的排除法入手，在简单排除难以推进的情况下，再考虑使用进阶排除法观察数字较多的行列。用进阶排除法填出部份数字后，不必继续进行行列观察，多数情况下可以重新用简单排除法进行推算。

我们在之前的学习中提到过，遇到一道题，一般情况下，我们选取已填次数较多的数字先进行简单排除。如图 3－5 所示，本题中数字 3 最多，我们不妨就以 3 为入手点。一宫二宫均不能通过排除得到可填数字 3 的唯一位置，我们直接看三宫，由 D5 的 3 和 F3 的 3 可以排除空格 D2、D3、C3 填 3 的可能性，得到 C1 =3。至此数字 3 的填充陷入瓶颈，我们接下来观察数字 4 和 6。观察五宫，由 D1 和 B3 的 4 分别纵向排除 E1、F1 和 E3 填 4 的可能性，从而得到 F2 =4；观察三宫，由 C6 和 E2 的 6 分别排除空格 C3 和 D2 填 6 的可能性，从而得到 D3 =6，如图 3－6 所示。

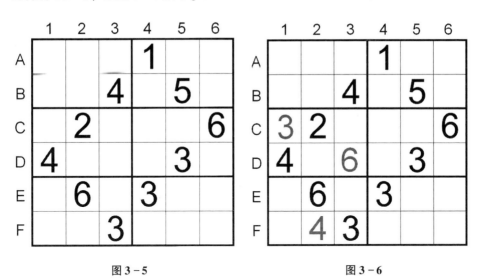

	1	2	3	4	5	6
A				1		
B			4		5	
C		2				6
D	4				3	
E		6		3		
F			3			

图 3－5

	1	2	3	4	5	6
A				1		
B			4		5	
C	3	2				6
D	4		6		3	
E		6		3		
F		4	3			

图 3－6

至此，通过简单排除法可推算填入的数字已填尽，此时并没有需要补充的空格，接下来我们需要运用行列排除法来继续解题。观察 4 列，除已知数 1 和 3 外，剩余四个空格中必存在数字 4，由 B3 的 4 可以排除 B4 填 4 的可能性，由 D1 的 4 可以排除 D4 填 4 的可能性，F2 的 4 可以排除 F4 填 4 的可能性，这样一来，4 列中仅剩下一个空格可以填入 4，即 C4，如图 3－7 所示。这就是本章的核心内容，使用进阶排除法解题的典型。

我们继续来推算，此时发现依旧无法用简单的排除法解题填数。我们不妨再继续观察 C 行，空格 C3 和 C5 中必有一个 5，由 B5 的 5 可以纵向排除 C5 填 5 的可能性，于是 C 行的 5 只可填在 C3，接着 C 行唯一的一个空格可以顺势补充，即 C5 =1，如图 3 - 8 所示。

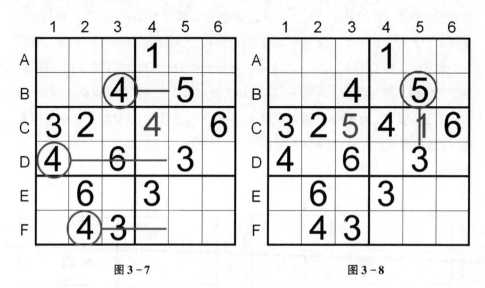

	1	2	3	4	5	6
A				1		
B			4		5	
C	3	2		4		6
D	4		6		3	
E		6		3		
F		4	3			

图 3 - 7

	1	2	3	4	5	6
A				1		
B			4		5	
C	3	2	5	4	1	6
D	4		6		3	
E		6		3		
F		4	3			

图 3 - 8

接下来，三宫只剩下一个空格，可以迅速补充，即 D2 =1。之后我们便可以通过新填出来的数字来进行简单排除。一宫中，由 A4 的 1 和 D2 的 1 分别排除 A1、A2、A3、B2 填 1 的可能性，从而得 B1 =1；继续观察五宫，由新填出的 B1 =1 纵向排除 E1、F1 填 1 的可能性，得到 E3 =1；这样一来，3 列中仅剩下唯一一个空格，容易补充，即 A3 =2。回看一宫中，由 E2 的 6 可以纵向排除 A2、B2 填 6 的可能性，得到 A1 =6，如图 3 - 9 所示。

顺势往右看二宫，由刚填出的 A1 的 6 横向排除 A5、A6 填 6 的可能性，再由 C6 的 6 纵向排除 B6 填 6 的可能性，得到 B4 =6；再由 A3 的 2 横向排除 A5、A6 填 2 的可能性，从而易得二宫中 B6 =2；再由 D5 的 3 纵向排除 A5 填 3 的可能性，易得 A6 =3；二宫补空，A5 =4；观察六宫，由 C4、A5、F2 的 4 分别排除 F4、E5、F5、F6 填 4 的可能性，得到 E6 =4；由 A4、C5 的 1 分别纵向排除 F4、E5、F5 填 1 的可能性，得到 F6 =1；再由 B5 的 5 纵向排除 E5、F5 填 5 的可能性，得到 F4 =5，如图 3 - 10 所示。

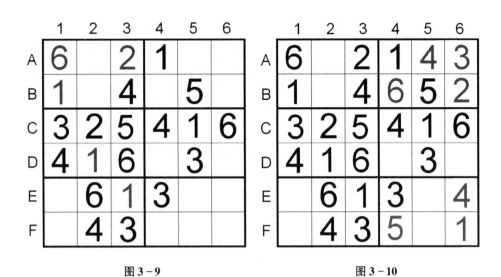

	1	2	3	4	5	6
A	6		2	1		
B	1		4		5	
C	3	2	5	4	1	6
D	4	1	6		3	
E		6	1	3		
F		4	3			

图 3－9

	1	2	3	4	5	6
A	6		2	1	4	3
B	1		4	6	5	2
C	3	2	5	4	1	6
D	4	1	6		3	
E		6	1	3		4
F		4	3	5		1

图 3－10

至此，每个宫内仅剩下至多两个空格，用简单的排除法可以轻易求解，在此不再赘述，最终答案如图 3－11 所示。

	1	2	3	4	5	6
A	6	5	2	1	4	3
B	1	3	4	6	5	2
C	3	2	5	4	1	6
D	4	1	6	2	3	5
E	5	6	1	3	2	4
F	2	4	3	5	6	1

图 3－11

四、本章总结

本章主要讲解了进阶的排除法，推算难度相对较高，因此并不是处处都用得到，一般用在卡点处求解使用。运用本章所讲的进阶排除法和上一章的简单排除法，可以推算出大多数六宫标准数独。需要强调的一点是，大家在做题的过程中不要总想着进阶排除法，有时使用简单的排除法就能够解决的问题，用了进阶排除法反而会浪费时间。因此什么时候用什么样的方法还需要大家多加练习，自行体会，所谓熟能生巧，就是这个道理。

　　进阶排除法是以行列为基准，运用行列以外的已知数排除行列内的空格填入某数的可能性。有一点不能忽略的是，运用同宫内数字不重复的条件，有时可以更加快速地解题。进阶排除法一般用在行列已知数较多的情况，但不绝对。在做题过程中要善于观察，巧妙运用。

五、本章练习题

第 21 题　　　　用时：_____

	1	4			
			1		
6					3
4					5
		6			
				4	3

第22题　　用时：_____

				4	
6				4	
			5		
2	6				
			2		1
	5				
	6				4

第23题　　用时：_____

		4			
			5	4	
2					1
3					4
	2	3			
			1		

第 24 题　　　　用时：________

6	2				
5			2		
				3	
	1				
		4			3
				6	4

第 25 题　　　　用时：________

4		3			
				1	
	5	4			
			5	2	
	3				
			2		6

第 26 题 用时：_____

		3			
1				4	
			2		6
5		2			
	4				5
			6		

第 27 题 用时：_____

		2		5	
1				4	
			4		
		4			
	6				5
	1		6		

第28题　　　用时：_____

				1	6
	3				
			5		4
4		2			
			1		
6	2				

第29题　　　用时：_____

3		5			
				1	
	6				3
2				4	
	5				
				6	2

第 30 题　　用时：_____

				5	
		3			1
			3	6	
	2	6			
5			2		
	1				

8

6

7 4 3 2

1 5 9

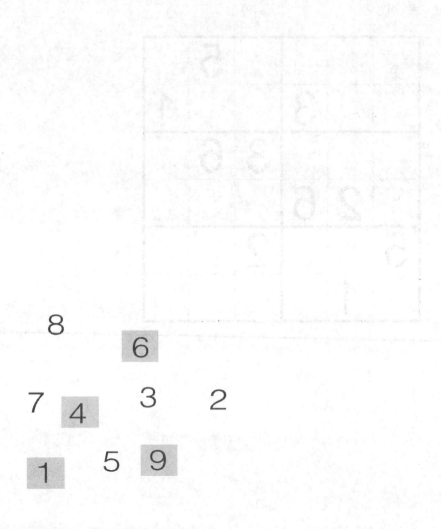

第四章
九宫数独入门

"码"上听课

扫码关注公众号
回复"数独入门"
免费获取配套课程

6 7 4 3 2 9 8 1 5

> **本章知识点**

1. 入门九宫标准数独，熟悉其规则；
2. 了解宫内存在少量空格的情况下，如何推算求解。

> **学习目标**

1. 学会将四宫、六宫数独的解法迁移到九宫数独中；
2. 当某宫中存在1~3个空格时能够迅速找出解题方法，并按已知条件进行填充。

在前两章中，我们集中讲解了四宫、六宫数独的基本解题步骤，并介绍了两种基本的排除法。本章我们将在前两章所学的内容基础上增大难度，将解题的方法迁移到本章的九宫标准数独中。在本章中，我们将重点学习九宫标准数独应如何对少量空格进行"补空"。本章学习的方法与前两章相比核心内容不变，但观察难度增加，题目中的空格结构也许会更加错综复杂。不过不用担心，相信经过本章的学习，大家终会掌握其"精华"。

下面我们以两个示意图来具体学习一下对于已知数较多的宫将如何进行迅速"补空"。

一、九宫数独"补空"示意图

如图4-1所示,这是一道较简单的九宫数独,某行某列或某宫只含有一个空格的题型,这种题型在第二章中有讲到,只不过这里把六宫换成了九宫,需要排查的数字多了3个,变成了1~9。观察四宫,四宫中已知数含有1~7和9,经排查,仅剩的一个空格E2只可能填入8,因为填入其余任何一个数字均会致使该宫数字出现重复;同理,观察F行,不难发现,已知数包含1~3和5~9,该行仅剩的一个空格F5只可能填入4;观察3列,已知数包含1~5和7~9,该列仅剩的一个空格只可能填入数字6。

下面我们看第2道例题,如图4-2所示,这道例题就并没有图4-1中那种某行某列或某宫只剩下一个空格的情况了,二宫和八宫中都剩余两个空格待填。面对这种情况,首先我们要明确每个宫中缺少什么数字,然后再在宫外寻找线索,依次排查。经排查,二宫中缺少数字5和6,而在宫外容易找到空格所在列的G6为6,由此可以确定出二宫中6的位置,即B4=6;同理,观察八宫,缺少的数字为7和8,由宫外的数字C4=7可以排除H4填7的可能性,从而得到H6=7,如图4-2所示。

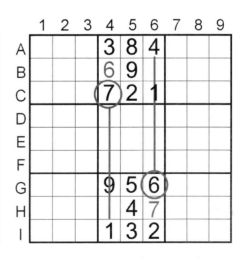

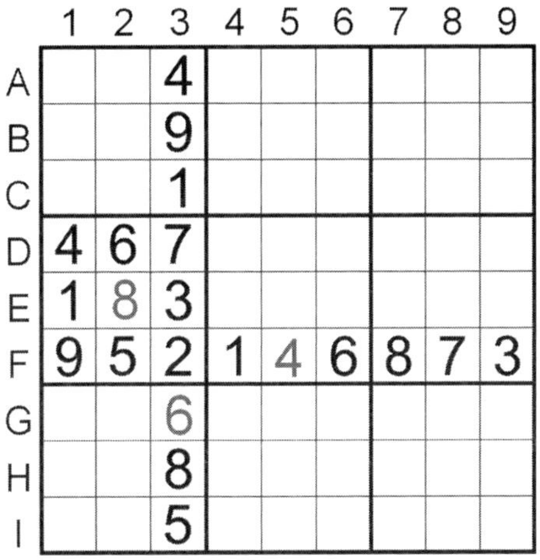

图4-1 图4-2

6 7 4 **3** 2 9 **8** 1 5

　　经上述推算后，目前二宫和八宫仅剩下一个空格，我们便可以通过排查迅速得到 B6 =5，H4 =8，如图 4-3 所示。这就是本章的核心，当某宫内仅剩下少量空格的时候，我们第一步要做的是对所缺数字进行排查，明确缺什么，然后再从宫外找所缺的数字，以其为线索进行排除，再补空。这里请注意，明确缺什么数字对于初学者来说是很重要的一点，对于数字不够敏感的人很容易犯这样一个错误：明明宫内已有某数，却还在宫外寻找该数的线索进行排除补空，这便会导致因观察失误而造成的"重复"。因此，建议大家在观察已知数较多的宫时，一定要先确认宫内有没有该数再去寻找排除的线索。

	1	2	3	4	5	6	7	8	9
A				3	8	4			
B				6	9	5			
C				7	2	1			
D									
E									
F									
G				9	5	6			
H				8	4	7			
I				1	3	2			

图 4-3

二、真题卡点讲解

　　上面我们讲解了补充一个空格和补充两个空格的例子，下面难度继续升级，请大家结合一道真题体会一下补充三个空格的方法，如图 4-4 所示，道理类似，依旧是先排查出宫内缺少哪些数字，然后再从宫外寻找推算该数字的线索，依次进行排除。以七宫为例，七宫内共有三个空格，经已知数排查后，缺少的数字为 1、3、6，接下来的目标就是将数字 1、3、6 填到空格 G2、H2、H3 中。观察七宫外，发现 H9 =1，由此可以排除 H2、H3 两格填入 1 的可能性，因此 1 只能填在 G1 格。

	1	2	3	4	5	6	7	8	9
A		6		1		5	7	9	4
B	1	4	7			6			3
C		5		2		4	1		8
D	6		4		1		8	7	5
E				5		8			
F	5	8	3		2		6		9
G	7	1	5	3		2		4	
H	8			7			2	5	1
I	4	9	2	6		1		8	

图 4-4

这样一来，七宫中就仅剩下两个空格 H2 和 H3，待填的数字为 3 和 6。应用类似于示意图 4-2 的解题步骤，在宫外找到一个缺失的数字作为线索，即可迎刃而解。我们观察到 F3 =3，由此可以纵向排除 H3 格填入 3 的可能性，于是 H2 必为 3，如图 4-5 所示。至此七宫中还剩下一个空格待填，可以得到 H3 =6。此为宫内剩余三个空格的情况，请大家学会举一反三，一步一步排除。作为练习，大家可以思考一下本例中的三宫应如何填写。三宫也是仅有三个空格，缺少的数字为 2、5、6，具体填写方法与七宫类似。答案如图 4-6 所示。

	1	2	3	4	5	6	7	8	9
A		6		1		5	7	9	4
B	1	4	7			6			3
C		5		2		4	1		8
D	6		4		1		8	7	5
E				5		8			
F	5	8	3		2		6		9
G	7	1	5	3		2		4	
H	8	3		7			2	5	1
I	4	9	2	6		1		8	

图 4-5

	1	2	3	4	5	6	7	8	9
A		6		1		5	7	9	4
B	1	4	7			6	5	2	3
C		5		2		4	1	6	8
D	6		4		1		8	7	5
E				5		8			
F	5	8	3		2		6		9
G	7	1	5	3		2		4	
H	8	3	6	7			2	5	1
I	4	9	2	6		1		8	

图 4-6

三、例题详解

本章所运用的方法基本就是讲解六宫数独时使用的简单排除法，只不过本章从补空的角度来进行推算。对于已知数较多的九宫标准数独来说，以补空的形式依次填数一般可以集中观察、不易分散，补空格数一般以1~3个为宜。下面讲解一道例题，如图4-7所示。

本题中，除五宫外，其余宫均只含有三个空格。因为本题已知数较多，所以本题从"补空"的角度去做会更加顺手。一宫内，经排除发现缺失的数字有2、7、9，因此我们的目标就是找到一宫外有关2、7、9的线索对三个空格填入数字的可能性进行排除，由G1的2可以排除A1填2的可能性，由F3的2可以排除C3填2的可能性，因此得到B2=2；剩余两格可以填入7或9，由A7的9可以横向排除A1填9的可能性，得到C3=9；至此一宫内仅剩下一个空格，可以得到A1=7。下面我们推算一下具有对称结构的三宫，经排查发现缺失的数字为1、2、7，由A3和C5的1可分别排除A9和C7格填入1的可能性，得到B8=1；由C6的2横向排除C7填2的可能性，得到A9=2；于是三宫中仅剩一个空格，可以得到C7=7，如图4-8所示。

	1	2	3	4	5	6	7	8	9
A		8	1		4		9	3	
B	5		4	7		9	6		8
C	3	6		8	1	2		4	5
D		3	5	2		4	8	7	
E	1		8		7		2		6
F		7	2	1		5	4	9	
G	2	1		6	9	7		8	4
H	4		7	3		8	1		9
I		9	6		5		3	2	

图4-7

	1	2	3	4	5	6	7	8	9
A	7	8	1		4		9	3	2
B	5	2	4	7		9	6	1	8
C	3	6	9	8	1	2	7	4	5
D		3	5	2		4	8	7	
E	1		8		7		2		6
F		7	2	1		5	4	9	
G	2	1		6	9	7		8	4
H	4		7	3		8	1		9
I		9	6		5		3	2	

图4-8

接着继续推算同样具有对称结构的七宫和九宫。七宫内缺失的数字为3、5、8，由H4和I7的3可以分别排除H2和I1填3的可能性，从而得到G3＝3；由I5的5可以排除I1填5的可能性，易得H2＝5；补充空格得到I1＝8。同理，九宫中缺失5、6、7，用同样的方法可以进行推算，在此不再赘述，如图4－9所示。

接下来推算具有不同结构的二宫、四宫、六宫和八宫。二宫中缺失的数字为3、5、6，由A8的3可以横向排除A4、A6两格填3的可能性，得到B5＝3；由G4的6可以排除A4填6的可能性，从而得到A6＝6；剩余一格补空得到A4＝5。观察四宫，缺失的数字为4、6、9，由H1的4可以纵向排除D1、F1两格填4的可能性，得到E2＝4；再由F8的9可以直接通过排除得到剩余两格：D1＝9，F1＝6。六宫、八宫的对称结构类似，用同样的排除方式可以推解，在此不再赘述，如图4－10所示。

	1	2	3	4	5	6	7	8	9
A	7	8	1		4		9	3	2
B	5	2	4	7		9	6	1	8
C	3	6	9	8	1	2	7	4	5
D		3	5	2		4	8	7	
E	1		8		7		2		6
F		7	2	1		5	4	9	
G	2	1	3	6	9	7	5	8	4
H	4	5	7	3		8	1	6	9
I	8	9	6		5		3	2	7

图4－9

	1	2	3	4	5	6	7	8	9
A	7	8	1	5	4	6	9	3	2
B	5	2	4	7	3	9	6	1	8
C	3	6	9	8	1	2	7	4	5
D	9	3	5	2		4	8	7	1
E	1	4	8		7		2	5	6
F	6	7	2	1		5	4	9	3
G	2	1	3	6	9	7	5	8	4
H	4	5	7	3	2	8	1	6	9
I	8	9	6	4	5	1	3	2	7

图4－10

这样一来，仅剩下五宫未解，而通过观察不难发现，D行、F行、4列、6列中均只剩余一个空格，经过数字排除可以很容易补全五宫。以D行为例，已知数包含1～5、7～9，为保证不重复性，仅剩的空格只能填入数字6。其余格的填充方法类似，在此不再赘述。答案如图4－11所示。

图 4-11

四、本章总结

  本章我们首次接触了九宫标准数独入门级难度题目，在此，总结一下本章主要介绍的"补空"的方法。在遇到已知数较多的九宫标准数独时，我们通常是以对宫进行"补空"的方法来推算解题，一般空格数在 1~3 个为宜。对于初学者而言，建议大家第一步一定要排查出宫内所缺的数字以及对应空格的数量，然后再去找宫外对于缺失数字的排除线索。如果不先排查缺失数字，很容易造成宫内已有某数，却又用宫外的该数进行排除得到某数，造成同宫内数字的重复。

  本讲为最基本的九宫标准数独的解法，从下一章开始，我们将进一步对九宫标准数独解题方法进行系统的讲解，难度将逐渐升级。

五、本章练习题

第 31 题　　　　用时：_____

	1		8	7	5		6	
4		7		6		2		5
	5		2	4	3		1	
6		2	4		1	5		3
1	3	5				4	9	7
8		9	3		7	6		1
	9		7	2	8		5	
5		8		1		3		2
	2		5	3	6		4	

第 32 题　　　　用时：_____

8	9	7				3	4	6
1	2		6		3		5	7
5			8	4	7			2
	5	6		3		4	7	
		2	9		6	1		
	8	1		5		2	6	
2			4	1	8			3
6	1		3		2		8	4
4	3	8				7	2	1

第33题　　　　用时：_____

	4		3	6	8		7	
6		7	1		9	5		8
	9		7		4		3	
8	6	5		3		2	1	4
7			5		1			6
9	1	3		4		7	8	5
	5		8		3		6	
1		6	4		2	8		3
	8		6	1	5		2	

第34题　　　　用时：_____

	4	1		3		2	8	
3			2	7	8			4
	9	2		1		6	7	
5	3		7		2		1	8
1		8	3		5	9		6
4	2		1		6		3	7
	8	7		5		3	4	
2			4	6	7			9
	5	4		2		7	6	

第 35 题   用时：_____

	2		1	4	8		5	
8		1	5		7	3		4
	4	5				8	1	
6	5		7		9		4	3
1								6
3	7		2		1		8	5
	1	8				2	3	
2		6	3		4	5		8
	3		8	9	2		6	

第 36 题   用时：_____

	9		5	2	6		8	
6	8	5				9	4	2
	2		9		4		1	
8		4		7		1		9
9			4		2			5
2		6		5		4		7
	6		3		7		9	
3	7	2				6	5	4
	4		2	6	5		7	

第37题　　　用时：＿＿＿＿

	6		5	9	4		2	
3		1		8		5		7
	4		1	3		9	6	
7		4			9			6
6	3	5				8	7	9
9				3		4		5
	5	3		1	8		9	
4		9			6		7	1
	7		9	4	5		8	

第38题　　　用时：＿＿＿＿

	6		4	7	8		5	
7		4				3		2
	9	8	2		3	6	4	
4			9	3	6			1
6		5				9		4
9			5	4	1			8
	7	1	3		2	4	9	
2		6				8		3
	3		6	1	4		7	

第 39 题　　　　　用时：_____

	9	2				7	5	
8			2	5	6			4
3		5	7		9	2		1
	7	8	4		1	5	9	
	2						4	
	3	4	8		2	6	1	
9		6	1		3	4		8
7			5	6	4			9
	4	3				1	6	

第 40 题　　　　　用时：_____

5	6	2	3		8		4	
8				6		2	5	3
4			5		2		9	
7		5		1		3		8
	2		7		3		1	
1		9		2		6		4
	8		6		7			2
3	7	1		8				5
	5		1		9	4	8	7

```
    8
         6
7  4    3    2

1   5  9
```

第五章

宫内排除法入门

6 7 4 3 2 9 8 1 5

> **本章知识点**
>
> 1. 了解宫内排除法的基本原理及解题步骤；
> 2. 了解宫内排除法在实际解题中的应用及推算顺序等。

> **学习目标**
>
> 1. 理解宫内排除法的意义与适用条件；
> 2. 熟练掌握宫内排除法并迅速填出数字；
> 3. 熟练解出含有36~40个已知数的题目（只用宫内排除法）。

在前几章的学习中，我们依次对四宫、六宫、九宫的标准数独有了初步地了解，循序渐进、从易到难。之前的学习主要以了解、认识为主，从本章开始，我们会系统地介绍数独基本的解题方法，并对之前学习的各种排除法做一个系统的总结。本章所要讲解的方法是数独解题方法的"基石"——宫内排除法。宫内排除法对于数独的推算来说极为重要，希望大家熟练掌握。

一、宫内排除法示意图

什么是宫内排除法呢？其实在前几章的讲解中我们都有涉及，也就是在六宫数独方法讲解中称为"简单排除"的一种基础排除法。我们先看两个例子了解一下，在例题中明确其定义。

6 7 4 3 2 9 8 1 5

如图 5-1 所示，所谓宫内排除法，首先需要以宫为基准，逐步进行推算。本例我们以四宫为基准进行推算，在四宫中并未出现数字 4，因此最初 4 可能填在四宫内剩余七个空格中的任意一格；这时我们需要用宫外其他数字线索排除掉四宫内六个空格填入 4 的可能性，最终确定一个空格可以填入 4，这就是宫内排除法的整体思路。在图 5-1 中，D9 有 4，这说明 D 行内不可再出现 4，否则会出现"重复"的"致命"错误，因此排除了四宫中 D1、D2、D3 格填 4 的可能性；同样道理，E5 有 4，则 E 行也不能再出现 4，因此排除了四宫中 E1、E2、E3 格填 4 的可能性；这样一来，四宫内排除了七个空格中的六个，4 就只能填入唯一不排斥 4 的空格，即 F2 =4。这就是典型的宫内排除法实例，具体来说使用的是其中的"双行"排除法。通过上面的例题我们可以了解到，宫内排除法是以"宫"为基准，用宫外的数字来排除宫内空格填某数的可能性，直到只剩下一个未经排除的空格为止，填入该数。需要特别注意的是，在进行排除之前，一定要确定所排除的数字是宫内所缺失的，以免造成错误的推算。

让我们再看一例，如图 5-2 所示。首先我们以六宫为基准，观察到六宫内共有五个空格待排除，确认六宫内缺失数字 5 后，我们便可以运用宫外数字 5 为线索进行推算了。由于 E4 =5，因此 E 行不可再出现 5，从而横向排除了 E7、E9 填 5 的可能性；因为 I8 =5，所以 8 列不会再出现 5，从而纵向排除了 D8、F8 填 5 的可能性；这样一来，六宫中仅剩下唯一一个空格未被排除，因此得出

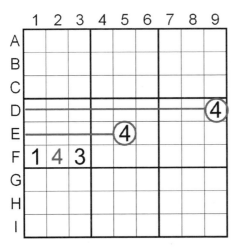

图 5-1

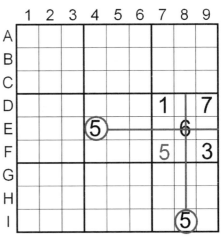

图 5-2

F7 =5。具体来说，本例应用的方法为“单行单列”排除法。需要注意的是，由宫外某一个单元格的某数为推算线索时，并不意味着只能排除该数所在的行或列存在该数的可能性。比如利用 E4 =5 这一条件时，应同时排除 E 行、4 列和五宫内其余格填 5 的可能性，只不过本例中我们只用到六宫外的线索排除了 E 行其他空格填入已知数的可能性。但在实际的数独推算过程中不乏遇到以宫排除数字填入的可能性（比如行列排除法），希望大家有所了解。

至此我们讲解了两个宫内排除法的示例，在解题过程中用到了“双行”排除法、“单行单列”排除法。

二、真题卡点讲解

我们用一道真题来检验一下宫内排除法的实用性，如图 5－3 所示。这是一道数独题初始的样子，我们以宫内排除法作为解题入手点。观察一宫，首先确定已知数里并没有数字 4，则 4 一定在剩余的六个空格之内，通过一宫外已知数线索排除其中五个空格填 4 的可能性即可。由 A8 的 4 可以横向排除 A2、A3 格填入 4 的可能性，由 D1 的 4 可以纵向排除 B1、C1 格填入 4 的可能性，由 C6 的 4 可以横向排除 C3 格填入 4 的可能性；至此，原有的六个空格中有五个格填 4 的可能性已被排除，只剩下唯一的一格可填 4，即 B2 为 4。当然本题的推算方法不止这一种，但归根结底还是需要以宫内排除法入手。

	1	2	3	4	5	6	7	8	9
A	6			8		9		4	
B		4	8				5	7	9
C		3				4		2	
D	4				8		2		6
E				4	9	2			
F	8		1		3				4
G		7		9				5	
H	5	8	9				4		
I		1		7		6			3

图 5－3

三、例题详解

经过几个例子的学习，相信大家对宫内排除法有了初步的掌握。但除了了解理论知识外，为熟练掌握解题方法，我们依旧需要“实战操作”，下面讲解一道例题，如图 5－4 所示。

此类题目一般我们选取已填入次数较多的数字入手，本题已填次数较多的数字是 1、2、5、7、8，我们可以依次观察。首先观察全盘的 1，五宫中，由 C5 的 1 可以纵向排除 D5、E5、F5 填 1 的可能性，再由 I6 的 1 可以纵向排除 E6 填 1 的可能性，从而得到 E4 =1。本处当然也可以用 D7 和 F1 的 1 横向排除，再加上 C5 和 I6 的 1 纵向排除得到同样的答案，但解题过程相对繁琐。七宫中，由 F1 和 A2 的 1 分别纵向排除 G1、I1 和 H2 填 1 的可能性，再由 I6 的 1 横向排除 I3 填 1 的可能性，从而得到 G3 =1；最后看九宫，由 G3 和 I6 的 1 分别横向排除 G7、G9 和 I7、I9 填 1 的可能性，从而得到 H8 =1（此处也可以用 D7 和 B9 的 1 双列排除），至此全盘的 1 已填满。下面看 2，一宫中，由 A6 的 2 和 C8 的 2 分别横向排除 A1、A3 和 C1、C3 填 2 的可能性，得到 B2 =2；观察五宫，由 E9 和 F3 的 2 分别横向排除 E5、E6 和 F5 填 2 的可能性，从而得到 D5 =2；观察八宫，由 H7 的 2 直接横向排除 H4、H5、H6 填 2 的可能性，得到 G4 =2；最后观察七宫，由 G4 和 H7 的 2 分别横向排除 G1 和 H2 填 2 的可能性，再由 F3 的 2 纵向排除 I3 填 2 的可能性，得到 I1 =2，至此全盘的 2 也已填满，如图 5－5 所示。

	1	2	3	4	5	6	7	8	9
A		1		3	7	2		9	
B	3		9				8		1
C		6		8	1			2	
D	9			5		8	1		7
E	5		7				4		2
F	1		2	7		6			5
G		9			3	7		5	
H	6		8				2		3
I		5		6	8	1		4	

图 5－4

	1	2	3	4	5	6	7	8	9
A		1		3	7	2		9	
B	3	2	9				8		1
C		6		8	1			2	
D	9			5	2	8	1		7
E	5		7	1			4		2
F	1		2	7		6			5
G		9	1	2	3	7		5	
H	6		8				2	1	3
I	2	5		6	8	1		4	

图 5－5

然后我们观察数字 7 和 8。一宫中，由 A5 和 E3 的 7 分别排除 A1、A3 和 C3 填 7 的可能性，从而得到 C1 =7；观察三宫，由 A5 和 C1 的 7 分别横向排除 A7、A9 和 C7、C9 填 7 的可能性，得到 B8 =7；观察七宫，由 C1 和 E3 的 7 纵向排除 G1 和 I3 填 7 的可能性，得到 H2 =7；观察九宫，由 D9 和 G6 的 7 排除 G9、I9 和 G7 填 7 的可能性，得到 I7 =7，至此 7 已全解。下面看 8，一宫中，由 H3 的 8 纵向排除 A3、C3 填 8 的可能性，得到 A1 =8；观察九宫，由 B7 和 I5 的 8 分别排除 G7 和 I9 填 8 的可能性，得到 G9 =8。至此四宫和六宫的 8 还未填出，暂不可用宫内排除法进行推算，我们可以先“转攻”其他数字，如图 5 -6 所示。

接下来，我们可以对五宫、七宫、九宫仅剩的 2 ~3 个空格运用上一章所学的行列排除法进行补全。五宫中的缺失数字为 3、4、9，由 G5 纵向排除 E5、F5 填 3 的可能性，得到 E6 =3；再由 E7 的 4 横向排除 E5 填 4 的可能性，得到 F5 =4；至此五宫中仅剩一格，补充得到 E5 =9。观察七宫，仅剩的两个空格对应于缺失数字 3 和 4。由 B1 的 3 便可直接确定得到 I3 =3，G1 =4；九宫结构与七宫结构相同，补全方法一致，在此不再详细说明，如图 5 -7 所示。

	1	2	3	4	5	6	7	8	9
A	8	1		3	7	2		9	
B	3	2	9				8	7	1
C	7	6		8	1			2	
D	9			5	2	8	1		7
E	5		7	1			4		2
F	1		2	7		6			5
G		9	1	2	3	7		5	8
H	6	7	8				2	1	3
I	2	5		6	8	1	7	4	

图 5 -6

	1	2	3	4	5	6	7	8	9
A	8	1		3	7	2		9	
B	3	2	9				8	7	1
C	7	6		8	1			2	
D	9			5	2	8	1		7
E	5		7	1	9	3	4		2
F	1		2	7	4	6			5
G	4	9	1	2	3	7	6	5	8
H	6	7	8				2	1	3
I	2	5	3	6	8	1	7	4	9

图 5 -7

我们继续进行宫内排除，观察三宫，由 A4 的 3 可以横向排除 A7、A9 填 3 的可能性，再由 H9 的 3 纵向排除 C9 填 3 的可能性，容易得到 C7 =3；至此三宫内只剩三个空格，可以用补空的方法来进行推算，三宫中的缺失数字为 4、5、6，由 F9 的 5 可以纵向排除 A9 和 C9 填 5 的可能性，不难得到 A7 =5；再由 C2 的 6 确定剩余的两个空格的对应数字：A9 =6，C9 =4。下面我们可以对一宫进行"补空"，一宫的缺失数字为 4 和 5，由刚刚填出的 C9 =4 可以直接确定出两数的位置：A3 =4，C3 =5。此时 C 行、3 列、7 列均只剩下一个空格，排查数字依次补全：C6 =9，D3 =6，F7 =9，如图 5 - 8 所示。

至此，二宫、四宫、六宫、八宫均剩余三个空格未填，我们依旧可以利用上一章所讲的补空的方法依次填充。以二宫为例进行说明：二宫缺失的数字为 4、5、6，由 I4 和 F6 的 6 分别纵向排除 B4、B6 填 6 的可能性，从而得到 B5 = 6；剩余两格则由 D4 =5 推算得到：B6 =5，B4 =4。其余宫结构与二宫结构类似，推算方法一致，在此不再赘述，答案如图 5 - 9 所示。

图 5 - 8

图 5 - 9

四、本章总结

本章我们主要讲解了"宫内排除法"，其是数独解题的基础方法。所谓宫内排除法就是以"宫"为基准，找到宫内缺少的某数，然后我们便可以在该宫外寻找该数的相关线索，利用线索横向或纵向排除尽可能多的空格填入该数的可能性，直到只剩下一个空格未被排除为止，则在这个空格中填入该数。

在这里我们需要注意两点：第一，宫内排除法必须排除到仅剩一个空格有填入数字的可能性，若经排除后不能够得到唯一数字填入的位置，这时，宫内排除法暂不适用，我们可以继续观察其他位置，也许经过推算其他位置新出的数字会为原不确定的位置提供线索。第二，本章依次提供了两种宫内排除法解题的入手角度，一种是宫内空格较少的情况下，可以明确宫内缺失数字，以"补空"的角度全解宫；另一种是从已填次数较多的数字入手，通过排除尽可能推算出全盘的该数。两种方法各有所长，为提高解题速度，建议大家结合使用。

五、本章练习题

第 41 题　　　用时：＿＿＿＿

	4	8			2		6	
2		7			4	8		3
		6		5		7	1	4
7	3	1		4		9		
			2	7	3			
		4		5		3	7	6
6	1		7		5		8	
9		3	4			7		5
		7		9		6	3	

第 42 题 用时：＿＿＿＿＿＿

5	9				6	2		3
7	4			3	9			
			7		8	5		9
	5			9		3	8	1
	2		3	8	7		5	
3	8	9		5		7		
9		6	8		1			
			2	4			9	5
2		4	9				1	7

第 43 题 用时：＿＿＿＿＿＿

	4	6	8		5		3	
8		9				1		6
	2		6		1		4	9
7		1		6		9		5
			9	1	7			
9		8		5		4		1
6	8		7		9		1	
5		2				7		4
	1		5		6	3	9	

第44题　　　　用时：_____

	3	2		1	4			
	7		3	4	8		2	
5		2				8		3
2	3			6			9	1
	1		9	8	2		4	
4	5			3			8	2
7		5				1		6
	6		8	7	3		5	
		4	6		5	9		

第45题　　　　用时：_____

	4	5			9		3	
9		2	3			6		1
	6		2		1		5	8
4		6		1		3	9	
			7	9	6			
	9	8		2		1		6
6	3		9		2		1	
8		9			7	4		3
	5		6			8	2	

第46题　　　　用时：_____

	8				5	7	3	1
1	4	3			7			9
	5		3		1			2
		5		9		4	6	7
			2	7	6			
9	6	7		3		1		
5			7		3		8	
3			8			9	1	5
8	2	1	4				7	

第47题　　　　用时：_____

	1		8		3		9	
8		6		4		1		3
	2			6			8	
2			4		1			7
	7	4				8	6	
1			7		6			9
	4			1			3	
3		7		2		9		6
	5		3		8		2	

第48题　　　用时：_____

							6	7
3						1	6	7
9			7		3	5		
6	7		5	1				
	9		6		1	7	3	
		3				9		
	5	1	2		9		4	
				7	4		5	6
		7	3		6			9
2	4	6						3

第49题　　　用时：_____

	4		2		5		6	
2		5					7	4
	6	7	4		1			
6		1		5		8		3
			3		4			
4		2		6		9		7
			5		6	4	8	
9	2						6		5
	5		9		3		2	

第 50 题　　用时：_____

5		4	7	9			3	
				6			2	7
9		2		1			6	
4	5		2		9			
3		6				4		2
				5		4	7	9
	4			2		7		3
7		9			3			
	3			5	7	9		8

```
    8
        6
7   4   3   2
    1   5   9
```

第六章

宫内排除法进阶

"码"上听课

扫码关注公众号
回复"数独入门"
免费获取配套课程

6 7 4 3 2 9 8 1 5

> **本章知识点**
>
> 1. 继续学习巩固宫内排除法；
> 2. 以最简洁的角度、最佳数字推算顺序入手解题。

> **学习目标**
>
> 1. 熟练掌握宫内排除法的观察步骤与推理方法；
> 2. 迅速找出最简洁的排除角度；
> 3. 熟练解出32个已知数的题目（只使用宫内排除法）。

上一章我们讲解了第一个系统的方法——宫内排除法，请大家先复习一下宫内排除法的方法步骤：以宫为基准，找到宫内缺少的某数，然后我们便可以在该宫外寻找该数的相关线索，利用线索横向或纵向排除尽可能多的空格填入该数的可能性，直到只剩下一个空格未被排除为止，则在这个空格中填入该数。

本章我们将对宫内排除法进行复习巩固。并增大解题难度，将讲解如何使用宫内排除法解决已知数更少的数独题。首先，我们用下面两张示意图的例子来对上一章的内容进行复习。

一、宫内排除法示意图

如图6-1所示，在本例中我们以五宫为基准进行宫内排除。而与上一章的例子不同的是，五宫中并无已知数，这就省去了判断五宫中某数是否存在的步骤，但却增大了推算的难度，五宫中的九个空格需排除掉八个格的可能性才可以填出数字。下面一起来观察一下：宫外有四个已知数 7，我们不妨试一下填出五宫的 7，由 B5 的 7 纵向排除 D5、E5、F5 填 7 的可能性，由 G6 的 7 纵向排除 D6、E6、F6 填 7 的可能性，再由 D2 和 F7 的 7 分别横向排除 D4 和 F4 填 7 的可能性，至此利用四个已知数线索先后排除了八个空格填 7 的可能性，于是五宫的 7 就只能填在唯一的一个未被排除的空格，即 E4。本例为"双行双列"排除法，大家需了解在宫内无已知数的情况下应如何运用宫内排除法进行推算。与普通推算情况相比，宫内无已知数的情况只是待排除的可能性较多，排除力度较大。

本例中已知数分散在一宫、二宫、六宫、九宫，我们一般选取可用已知数的"交叉宫"为基准。因此我们观察三宫，依旧是无已知数，九个空格待排除，这里我们看到宫外数字有 5 和 9，应该先观察哪个数字比较好呢？我们选取已填次数较多的数字 9 先进行观察排除，由 A5 和 C3 的 9 分别横向排除 A7、A8、A9 和 C7、C8、C9 填 9 的可能性，再由 G7 和 F8 的 9 纵向排除 B7 和 B8 填 9 的可能性，从而得到 B9 =9，如图 6-2 所示。在这里如果我们选择先利用数字 5 进行推算的话，可以得到，5 可以填在 A9 或 B9 两格其中之一，但这时由宫内排除法无法确定数字 5 填入的唯一位置，这便侧面印证了利用已填数字次数更多的数字更"有效"！

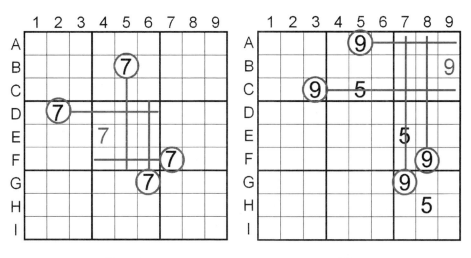

图 6-1　　　　　　　　　　图 6-2

填完三宫的9后,我们再来看数字5,这回有了B9的占位,三宫中的5也可以得到唯一可以填入的位置了:由C5的5横向排除C7、C8、C9填5的可能性,再由E7和H8的5分别纵向排除A7、B7和A8、B8填5的可能性,得到A9=5,如图6-3所示。因此,遇到宫内排除法暂时不能确定数字的唯一位置时,不要着急,先放一放,或许填出的其他数字会成为推算该数字填入位置的新线索,从而可以确定填入数字的唯一位置。

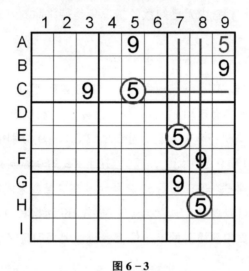

图6-3

二、真题卡点讲解

在之前的示意图中给出的已知数全部是解题过程中有用的线索,但真实的题目中不乏会有很多干扰数字的出现,需要大家认真筛选出"有用数字",我们来看一道具有类似干扰的真题,如图6-4所示。这道题目已解出一部分数字,我们可以利用目前的已知条件数字5出现次数最多解出全盘的数字5。观察三宫,由A6和C1的5分别横向排除A7、A8、A9和C7、C8填5的可能性,再由G8的5纵向排除B8填5的可能性,从而得到B9=5;同理,观察八宫,由E4和A6的5分别纵向排除G4、I4和G6、I6填5的可能性,再由G8的5横向排除G5填5的可能性,得到I5=5,如图6-5所示。

6 7 4 3 2 9 8 1 5

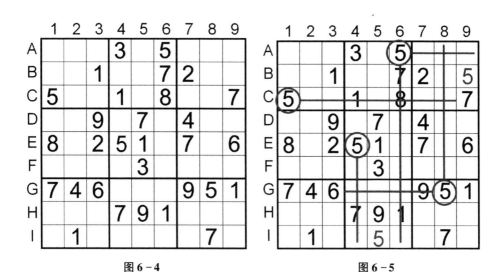

图 6-4   图 6-5

继续观察，以刚刚填出的5为新线索进行排除。六宫中，由B9和G8的5分别纵向排除D9、F9和D8、E8、F8填5的可能性，得到F7=5；再由刚得到的F7=5和E4=5分别横向排除三宫的F1、F2、F3和E2填5的可能性，以及由C1的5纵向排除D1填5的可能性，得到D2=5，如图6-6所示。

以新填入的5为线索推解出全盘的5：七宫中，由C1和D2的5分别纵向排除H1、I1和H2填5的可能性，再由I5的5横向排除I3填5的可能性，从而得到H3=5。至此，全盘的5已全解，如图6-7所示。本例讲解了如何依次解出全盘的选定数字，一般以新得到的数字为线索，向其上下宫、左右宫观察，看是否可用来排除未经排除的空格。

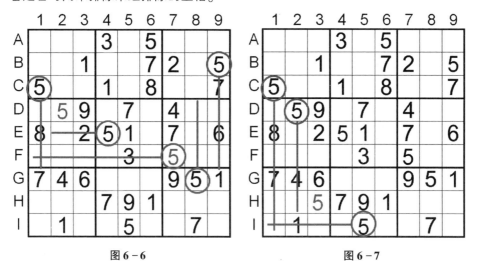

图 6-6   图 6-7

三、例题详解

下面我们求解一道真题，如图6－8所示，这道题与上一章的例题相比，已知数就显得少了一些。我们依旧按照之前的思路，先找寻全盘已填次数较多的数字进行推算。在本题中，已填次数较多的数字为1、6、8，在此需要注意的是，我们在判断哪个数较多的时候，往往只是凭直觉或第一观察印象，而不是依次去数每个数字的个数，从填入次数较多的数字入手是为了更快地解题，如果去数个数反而会浪费时间，得不偿失。本题我们不妨先从数字6入手解题，观察四宫，由C1和I3的6分别纵向排除D1、E1、F1和E3填6的可能性，得到E2＝6；进而横向观察五宫，由E2和F7的6分别横向排除E5和F4、F6填6的可能性，再由G4的6纵向排除D4填6的可能性，得到D6＝6；再向上看二宫，由G4和D6的6分别纵向排除A4和A6填6的可能性，再由B8和C1的6分别横向排除B5和C5填6的可能性，得到A5＝6；最后观察九宫，由G4和I3的6分别横向排除G7、G8和I8、I9填6的可能性，再由F7的6纵向排除H7填6的可能性，得到H9＝6。至此全盘的6已解出，如图6－9所示。后文为描述方便，我们不再强调排除的空格坐标，相信大家都能够轻松地找到。

	1	2	3	4	5	6	7	8	9
A			8				1		
B		4		2		9		6	
C	6			3		7			5
D		7	1		2		4	8	
E				8		1			
F		3	5		9		6	1	
G	7			6		3			1
H		9		1		8		2	
I			6				5		

图6－8

	1	2	3	4	5	6	7	8	9
A			8		6		1		
B		4		2		9		6	
C	6			3		7			5
D		7	1		2	6	4	8	
E		6		8		1			
F		3	5		9		6	1	
G	7			6		3			1
H		9		1		8		2	6
I			6				5		

图6－9

至此并没有其余数字可以全盘解出了，我们可以先推解一些零散的数字。观察五宫的 3，由 C4 和 G6 的 3 双列排除，得到 E5 =3；顺势横向看，观察六宫的 3，由 E5 和 F2 的双行排除，得到 D9 =3。于是五宫中仅剩下三个空格，我们可以迅速补空，五宫缺失的数字是 4、5、7，由 F3 的 5 横向排除，得到 D4 =5；再由 C6 的 7 可确定剩余两数填入的位置：F4 =7，F6 =4。这样一来，D 行目前仅剩下一个空格待填，即 D1 =9。由新填出的 9 顺势向上观察一宫，由 D1、H2 和 B6 的 9 单行双列排除，得到 C3 =9；再观察八宫，由 B6 和 F5 的 9 双列排除得到 I4 =9。至此 4 列又只剩下一个空格，及时补充：A4 =4，如图 6－10所示。

由刚填出的 4 横向观察三宫，由 A4、B2、D7 的 4 双行单列排除，得到 C8 =4；继续向下观察九宫，由 C8 和 D7 的 4 双列排除，得到 I9 =4。接下来观察一宫的 7，由 D2 和 G1 双列排除，得到 B3 =7；观察四宫的 8，由 F4 单行排除，得到 F1 =8；至此 F 行仅剩下一个空格，及时补充：F9 =2；由刚刚填出的 2 顺势往上排除，三宫中，单行双列排除得到 C7 =2；观察六宫，由 C9 和 I7 的 5 双列排除，得到 E8 =5，如图 6－11 所示。

	1	2	3	4	5	6	7	8	9
A			8	4	6		1		
B		4		2		9		6	
C	6		9	3		7			5
D	9	7	1	5	2	6	4	8	3
E		6		8	3	1			
F		3	5	7	9	4	6	1	
G	7			6		3			1
H		9		1		8		2	6
I			6	9			5		

图 6－10

	1	2	3	4	5	6	7	8	9
A			8	4	6		1		
B		4	7	2		9		6	
C	6		9	3		7	2	4	5
D	9	7	1	5	2	6	4	8	3
E		6		8	3	1		5	
F	8	3	5	7	9	4	6	1	2
G	7			6		3			1
H		9		1		8		2	6
I			6	9			5		4

图 6－11

观察八宫，由 D5 的 2 纵向排除，得到 I6 =2；至此 6 列仅剩下一个空格，及时补充：A6 =5；有了新填出的 5 顺势向左看一宫，双行排除，得到 B1 =5；继续向下排除，观察七宫，由 B1、F3、I7 的 5 单行双列排除，得到 G2 =5；最后一个八宫的 5 可由 G2 和 I7 的 5 双行排除求解。于是八宫中仅剩两个空格，缺失数字为 4 和 7，可由 I9 =4 排除确定两数的正确位置。由新填出的 I5 的 7 向右排除九宫，经双行排除，得到 H7 =7；由 H7 的 7 也可以确定出六宫的两个缺失的数字的位置，如图 6 – 12 所示。

到此，本题目已确定了大部填入数字的位置，到了收尾阶段。下面对九宫进行补空，九宫中的缺失数字为 3、8、9，由 G6 的 3 横向排除得到 I8 =3，然后由 D8 的 8 可以轻松确定剩余两个空格的对应数字。此时，G 行、7 列和 8 列均只剩下唯一一个空格，补全：G3 =2，B7 =3，A8 =7。观察七宫，由 F1、A3 的 8 双列排除，得到 I2 =8；再对 I 行仅剩的一个空格及时补空：I1 =1，如图 6 – 13所示。

	1	2	3	4	5	6	7	8	9
A			8	4	6	5	1		
B	5	4	7	2		9		6	
C	6		9	3		7	2	4	5
D	9	7	1	5	2	6	4	8	3
E		6		8	3	1	9	5	7
F	8	3	5	7	9	4	6	1	2
G	7	5		6	4	3			1
H		9		1	5	8	7	2	6
I			6	9	7	2	5		4

图 6 – 12

	1	2	3	4	5	6	7	8	9
A			8	4	6	5	1	7	
B	5	4	7	2		9	3	6	
C	6		9	3		7	2	4	5
D	9	7	1	5	2	6	4	8	3
E		6		8	3	1	9	5	7
F	8	3	5	7	9	4	6	1	2
G	7	5	2	6	4	3	8	9	1
H		9		1	5	8	7	2	6
I	1	8	6	9	7	2	5	3	4

图 6 – 13

目前，一宫、二宫、三宫、四宫、七宫均只剩下至多三个空格，我们用“补空”的方法进行推算，即可得到全盘答案。比如，三宫内缺失的数字为 8 和 9，由 A3 的 8 可以确定两个数字的位置：B9 =8，A9 =9；接着以刚填出的 B9 =8 为线索，可以解出二宫中缺失数字的位置：C5 =8，B5 =1。剩余三个宫利用补空方法推算过程类似，在此不再赘述。需要注意的是，对七宫的补空操作需要在一宫或四宫补全后进行,因为目前七宫所缺的 3 和 4 并没有宫外的已知线索可供排除。最终答案如图 6-14 所示。

	1	2	3	4	5	6	7	8	9
A	3	2	8	4	6	5	1	7	9
B	5	4	7	2	1	9	3	6	8
C	6	1	9	3	8	7	2	4	5
D	9	7	1	5	2	6	4	8	3
E	2	6	4	8	3	1	9	5	7
F	8	3	5	7	9	4	6	1	2
G	7	5	2	6	4	3	8	9	1
H	4	9	3	1	5	8	7	2	6
I	1	8	6	9	7	2	5	3	4

图 6-14

四、本章总结

经过两章的学习,希望大家熟练掌握宫内排除法的解题方法。请大家注意,除掌握宫内排除法的基本操作外,我们还需要对解题切入点的顺序有一个大致的了解。在正式的比赛中,选择一个好的入手点解题是至关重要的,选错一步,很可能便会耽误解题时长,比赛时成绩也会受到影响。当然对于做题切入点的顺序很难总结出一套适用于所有题目的方法,题目千变万化,一般需要在平时的练习中多多积累经验,根据具体的题目结构特征选择不同的解题入手角度。目前我们接触的方法相对较基础,如果题目没有太大的特殊性,我们暂时可以考虑选取已填入次数较多的数字入手,在解题过程中也要及时对仅剩 1~3 个空格的宫进行"补空",相信在这几章的练习中,大家对解题过程中的先后顺序有了一个系统的了解,希望大家多多练习有关宫内排除法的数独题目,为后面掌握更高阶的方法打下基础!

五、本章练习题

第 51 题　　　　用时：________

			4		2	1	8	
5		8						
4			8		6		3	
1		3		6		8		4
			9		4			
6		5		1		3		7
	7		5		9			8
						2		5
	5	2	1		7			

第 52 题　　　　用时：________

			1		9			
	6			7			9	
	8	2				7	1	
3		8		4		1		9
5			9		3			8
6		7		1		5		4
	3	9				6	8	
	1			8			2	
			3		2			

第 53 题　　　用时：_____

			3			5	8	
3	2	7					1	
1			6		7		2	
	6			2		7		9
			1		6			
2		4		5		8		
	6		7		5			8
	9					2	7	5
	5	1			8			

第 54 题　　　用时：_____

			8	3	5			
4	3						6	1
		8		1		3		
7			9		3			8
6		9				5		3
8			5		1			2
		1		8		4		
5	2						8	9
			1	5	2			

第 55 题　　用时：_____

	7	8		6		2		
9		2				6		5
	6		5		4		8	
2		4				8		3
				8				
8		3				1		7
	4		9		2		1	
1		9				2		8
	2		1		8		3	

第 56 题　　用时：_____

	3		7		9			
						3	9	8
5	2		4		3			
1		4		3		2		6
			6		4			
8		2		5		4		7
			5		6		8	2
4	8	7						
			1		8		4	

第 57 题　　用时：_____

	4		2		6		1	
1			7		8			3
		6				2		
2	8			1			7	9
			5		2			
5	3			4			8	2
		2				3		
3		1			4			8
	6		3		9		5	

第 58 题　　用时：_____

	9	3				6	4	
8			2		1			3
6				3				5
	1		9		2		3	
		9				4		
	3		7		6		1	
1				2				8
9			6		5			2
	2	6				1	5	

第 59 题　　用时：_____

	6		8	5				9
	1						8	4
	9		1	3				2
6		8			5	3		
	5						2	
		9	2			4		8
5				1	3		8	
9		6					4	
7				4	6		9	

第 60 题　　用时：_____

	1		6		7		5	
	7			8	9			
5		3				9		4
			8		3		5	
8	5						1	7
		3		9		5		
3		5				4		1
			7	5			2	
7		6		3		5		

第七章

区块排除法入门

"码"上听课

扫码关注公众号
回复"数独入门"
免费获取配套课程

6 7 4 3 2 9 8 1 5

> **本章知识点**

1. 学习如何对少量矩形结构的可能性进行标注，了解区块的概念；
2. 学习如何运用标注后的区块进行排除。

> **学习目标**

1. 了解什么是区块，标注区块的一般条件，学会标注；
2. 初步掌握如何用区块进行排除；
3. 尝试用区块排除法解决有32个已知数的标准数独题目。

在前面两章中，讲解了数独中最为基础的排除法——宫内排除法，宫内排除法的重要程度不容置疑，基本会应用到各种数独解题过程中；但是，宫内排除法却不是"万能"解题法，遇到已知数较少的题目，仅靠宫内排除很可能遭遇卡点，难以进行下去。那么，本章将介绍一种"拯救"此类卡点的新型排除法——区块排除法。区块排除法不但可以有效地解决卡点，而且有时还能更高效、更快速地解出数字，相当于"跳步"版本的宫内排除法。

所谓区块，指的是同宫内可填入某数的所有格形成的一个矩形结构的区域，我们这里讲解的区块排除法一般用到的是长或宽有且仅有一个格的矩形区块，后面我们提到的区块默认为此情况。

我们常用的区块表示方法，如图 7-1 所示。区块一般有 1×2、2×1、1×3、3×1 四种情况，我们一般用"角标"的小数字来标注区块，四个角均可以标注，当同格中标注的数字相对较多时，注意分配各个候选数空间，便于后续观察与排除。图中 B1、B2、B3 表示一宫中只有这三个格可以填入数字 3，由宫内排除法暂时无法确定填入了的唯一位置，于是这里形成 3 的 1×3 矩形区块；若五宫中，仅有 D6、E6 两格可填入 2，暂时无法确定填入 2 的唯一位置，则这两格便形成了 2 的 2×1 矩形区块；而矩形区块也不一定非要相邻格才能形成，如 H7、H9 两格，若满足九宫内只有这两格可填 6，便隔空形成了 6 的 1×2 矩形区块（注意，H8 格不属于 6 的区块区域）。如果说矩形区块为两个格，并且这两格相邻，我们可以用另一种简化的方式表示区块，如图 7-1 中 G4、H4 有关 8 的区块（后续为提高解题效率，在不影响观察的前提下，我们首选这种标注方式）。在解题过程中，难免会存在同一格属于多个区块的情况，比如 B3 格既属于 3 的 1×3 区块，又属于 9 的 2×1 区块，这时，我们可以尽可能将区块内同一数字标注在同一角落，便于后续的观察。

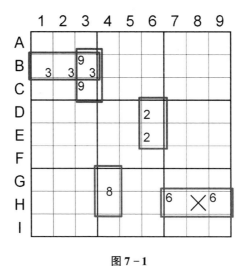

图 7-1

经过上图的讲解，相信大家对于标注区块的方法有了初步的认识，那么我们如何运用区块进行排除呢？下面我们看两个示意图。

一、区块排除法示意图

如图 7－2 所示，这是一个运用区块排除法解题的典型例子。在一宫中，由于已知数的占位，我们观察到数字 9 只可以填在 B1、C1 两格，于是此处便形成了 2 ×1 的区块（图中已标注）。那么这个区块有什么用呢？首先我们再次重申一下区块的含义，这里 9 的区块意味着 B1、C1 两格必有一个为 9，如果 B1 为 9，则 B 行、1 列均不可再出现 9；如果 C1 为 9，则 C 行、1 列均不可再出现 9。我们分析发现，无论是 9 在 B1 还是 C1，1 列的其余位置均不可再出现 9，这便是区块排除法的核心。虽然 B1、C1 中的 9 难以确定，我们却可以直接排除 1 列的其余格填 9 的可能性。这样一来，观察七宫，我们便可以用区块条件排除 G1、H1、I1 格填 9 的可能性，再加上 F2、I5 的 9 进行宫内排除，就可以得到七宫中 9 的唯一可能位置：H3 =9，如图 7－2 所示。

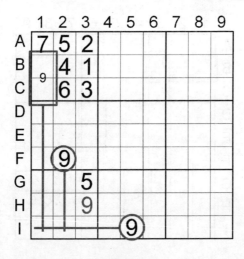

图 7－2

注意，我们所说的区块并不是随便标注的一个矩形区域，而是经排除后，由宫内填入某数字所有的可能性自然形成的一个矩形区域，换句话说，就是区块内的格包含了某数在宫内的所有可能填入位置的可能性。下面再看一例，示意

图7-2中是由已知数占位自然形成的区块,而本例中,我们需学会用排除的方式得到区块,如图7-3所示。首先我们观察五宫,由D8的7横向排除D4、D5、D6填7的可能性,于是五宫的7仅可能填在剩余的两个空格其中之一:E4、F4,于是形成了7的2×1区块。同样道理,无论E4是7还是F4是7,由于同在4列,均限制了4列其他位置填7;于是可以向上排除二宫中A4、B4、C4填7的可能性,再考虑A3和C7的7双行排除,从而得到B6 =7。标注区块后如何找排除方向呢?这里给大家介绍一个小窍门:我们标注一个长条状的区块后,可以先寻找区块格的共同行(或列)坐标,再在该行(或列)中找想要的排除格子。通俗地讲,就是形成长条状区块后,往更长的方向拉伸寻找排除位置。

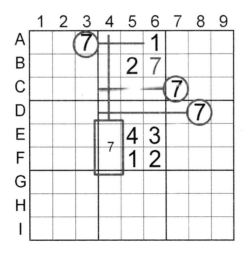

图7-3

二、真题卡点讲解

下面我们实际推算一道数独题,如图7-4所示。这道题目目前已被宫内排除法推算完毕,此处必须要用高于宫内排除的方法解除卡点限制,我们不妨考虑使用本章学习的区块排除法。观察三宫,由E8的1纵向排除B8格填1的可能性,于是三宫的1只可以填在A7、B7、C7三格中其中之一内,于是便形成了有关1的区块。下面我们用此区块进行排除,如图7-5所示,不论区块内三格中哪一个填 1，都可以排除掉 7 列其他位置填 1 的可能性，因此排除了九宫 G7 格填 1 的可能性，再由 E8 和 I2 的 1 排除九宫内其余三个空格填 1 的可能性，得到九宫中填 1 的唯一可能位置 G9。

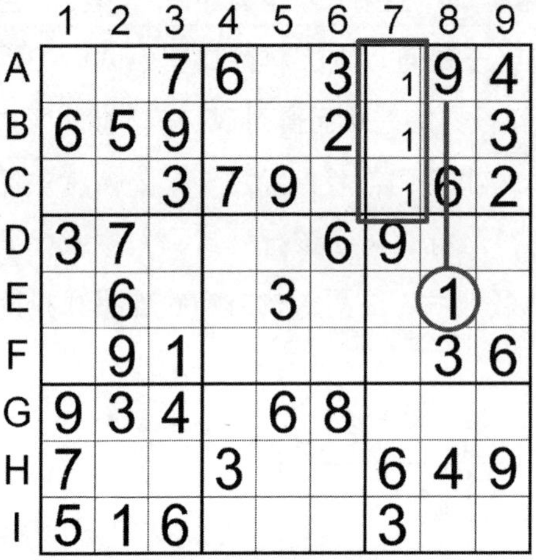

图 7-4 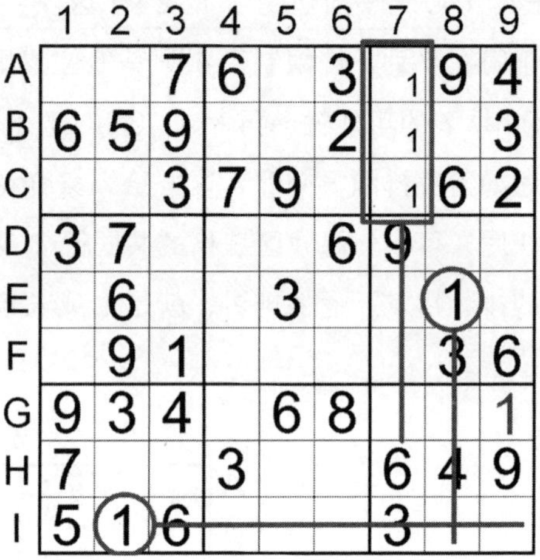   图 7-5

三、例题详解

请大家看一道数独真题，如图 7-6 所示。这道题目难度一般，用宫内排除法可以全盘解决。但是本章想教给大家的是如何在宫内排除卡顿的地方，用区块排除法更加流畅地解题，不必等到填出某数后再推算下一个数的填入位置，我们可以利用区块的限制条件直接"跳步"得到下一个数字的填入位置。本题我们可以从数字 4 入手推解，为描述方便，我们后面不再强调宫内排除的具体操作。宫内排除可以得到四宫和八宫的 4，然后由新得到的 F3 =4 向上排除可以得到一宫的 4，至此全盘的 4 已解出。接着我们可以观察数字 6 和 9，宫内排除可以得到一宫和六宫的 9 以及二宫的 6，进而由得到的 A5 =6 向左排除得到一宫的 6，此时 6 和 9 已经不能通过宫内排除得到具体的填入位置了，如图 7-7 所示。

	1	2	3	4	5	6	7	8	9
A		1		4		7		9	
B	5		8				6		4
C		7			9			1	
D	8			5		4			1
E			9				4		
F	1			6		9			3
G		4			2			3	
H	7		1				2		5
I		8		3		6		4	

图 7－6

	1	2	3	4	5	6	7	8	9
A		1		4	6	7		9	
B	5	9	8				6		4
C	4	7	6		9			1	
D	8			5		4	9		1
E			9				4		
F	1		4	6		9			3
G		4			2			3	
H	7		1		4		2		5
I		8		3		6		4	

图 7－7

下面我们观察数字 5，由宫内排除可以得到二宫的 5，然后由二宫的 5 继续排除得到三宫、八宫的 5，再由八宫的 5 向左排除得到七宫的 5，至此还有四宫和六宫的 5 未确定具体填入位置。接下来我们观察数字 1，八宫中由 H3 的 1 横向排除，得到 1 只能填在 G4 或 G6，形成 1 的区块，再用此区块横向排除九宫的 G7、G9 填 1 的可能性（无论 G4 和 G6 哪个是 1，G 行其他位置均不可再出现 1），再加上 C8 和 D9 对九宫的双列排除，得到 I7 =1，这便是区块排除法的解题模式，如图 7－8 所示。

接着我们可以继续做一些宫内排除，比如可以依次得到二宫的 8、三宫的 8；然后经过排除可得三宫、四宫、八宫的 7，然后可依次通过宫内排除填出九宫、六宫、五宫的 7，至此 7 已全解。而由 G4 的 7 便可以解锁原先 1 的区块，得到 G6 =1，如图 7－9 所示。

然后我们可以对一些剩余空格较少的宫进行补空，比如三宫的 2 和 3，九宫的 6、8、9，顺势补全 G 行和 9 列的 6，通过宫内排除可得七宫的 9，接着依次补全 I 行、3 列、一宫、七宫、1 列，如图 7－10 所示。

最后结合宫内排除法，并及时补全空格即可快速得到本题答案，如图 7－11 所示。在此不再赘述具体解题过程，请大家自行完成。

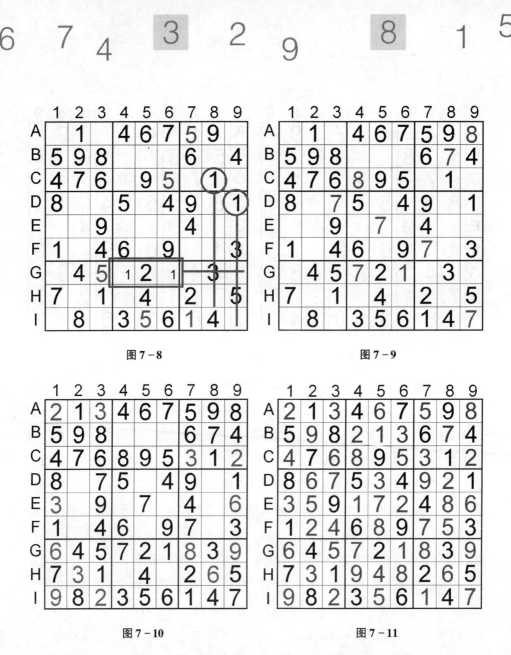

	1	2	3	4	5	6	7	8	9
A		1		4	6	7	5	9	
B	5	9	8				6		4
C	4	7	6		9	5		1	
D	8			5		4	9		1
E			9				4		
F	1		4	6		9			3
G		4	5	1	2	1		3	
H	7		1		4		2		5
I		8		3	5	6	1	4	

图 7－8

	1	2	3	4	5	6	7	8	9
A		1		4	6	7	5	9	8
B	5	9	8				6	7	4
C	4	7	6	8	9	5		1	
D	8		7	5		4	9		1
E			9		7		4		
F	1		4	6		9	7		3
G		4	5	7	2	1		3	
H	7		1		4		2		5
I		8		3	5	6	1	4	7

图 7－9

	1	2	3	4	5	6	7	8	9
A	2	1	3	4	6	7	5	9	8
B	5	9	8				6	7	4
C	4	7	6	8	9	5	3	1	2
D	8		7	5		4	9		1
E	3		9		7		4		6
F	1		4	6		9	7		3
G	6	4	5	7	2	1	8	3	9
H	7	3	1		4		2	6	5
I	9	8	2	3	5	6	1	4	7

图 7－10

	1	2	3	4	5	6	7	8	9
A	2	1	3	4	6	7	5	9	8
B	5	9	8	2	1	3	6	7	4
C	4	7	6	8	9	5	3	1	2
D	8	6	7	5	3	4	9	2	1
E	3	5	9	1	7	2	4	8	6
F	1	2	4	6	8	9	7	5	3
G	6	4	5	7	2	1	8	3	9
H	7	3	1	9	4	8	2	6	5
I	9	8	2	3	5	6	1	4	7

图 7－11

四、本章总结

本章初步接触了区块的概念，学习用区块的方法推解初级难度的数独题目。让我们一起来总结一下，一般在某宫中，若某数只可填在 2、3 个空格内，且形成条状矩形区域，我们便可以将其标注为该数的区块。有了区块，我们可以排除区块共同所在行（或列）的其他位置填入该数的可能性，这便为宫内排除法提供了"跳步"的解决方式，区块内不一定知道该数填入的具体位置，但却可以直接利用区块填出后续数字。

区块排除法一般在解决卡点时应用，但在解题过程中，我们不必拘泥于等到宫内排除推解不下去的时候再启用区块排除法，而是在推算全盘的某数时，自然而然地标注并使用区块进行依次排除；用宫内排除法可以完全解决的问题，利用区块排除法，可以更高效地完成解题。然而我们在做题时不必刻意寻找区块，因为大部分解题步骤还是要依靠宫内排除法来完成的，因此区块可以自然地标注，有时不一定起到排除作用，但标注后至少可以为后续的"区块解锁"提供观察视角。

五、本章练习题

第 61 题　　　用时：＿＿＿＿＿＿＿＿

8		6		7		4		
			1		2		3	
1		3		6				8
	7		5				2	
2		4				7		3
	1				6		9	
6				9		5		7
	8		2		7			
		9		3		1		2

第62题　　　　用时：_____

	5		9	4	7			
						7	6	1
	2	3		6			4	
			6		8			9
5		8				6		2
9			7		3			
	8			1		5	9	
1	6	5						
			4	7	5		8	

第63题　　　　用时：_____

3						4		5
			8	1	5			
1		5		9		6		
	8		1		3		4	
	3	1				2	8	
	5		4		7		3	
		3		4		7		1
			2	5	6			
9		6						2

第64题　用时：_____

	3		8			7	5	
2					3	4		1
1	7		4					
	8			9		5		3
			3		6			
3		2		8			7	
					4		3	2
8		3	7					5
	2	1			8		4	

第65题　用时：_____

	8	4				5	7	
	2		5		4		8	
7				6				2
3		7				8		6
			6		1			
5		2				9		4
8				5				9
	4		7		6		3	
	7	6				2	4	

第66题　　　用时：_____

	1	2					3	9
8	3			9			6	1
				8	3			
		8	3		9	4		
9								2
			1	4		2	9	
				1		5		
1	5				2		4	3
	7	9					1	2

第67题　　　用时：_____

			1	4	7			
6		4				9		7
	7						2	
4		5	7		3	2		8
			2		5			
7		9	4		6	5		1
	3						4	
1		7				8		9
			5	6	1			

第 68 题   用时：_____

	1						9	
4		9				5		8
	2		8	5	9		3	
1			5		7			9
		7				2		
8			1		6			7
	7		9	1	3		8	
9		1				7		3
	8						5	

第 69 题   用时：_____

8						7	1	5
3		6	8					
1				9	4		3	
		1	2		5		8	
		3				9		
	6		1		9	5		
	5		6	1				2
					7	3		9
6	3	2						7

第70题　　　　用时：_____

	6			9			2	
8		5				3		4
	1		8		2		7	
		1	7		4	9		
4								5
		9	6		3	1		
	9		4		7		8	
1		6				7		9
	7			6			1	

第八章

区块排除法进阶

“码”上听课

扫码关注公众号
回复“数独入门”
免费获取配套课程

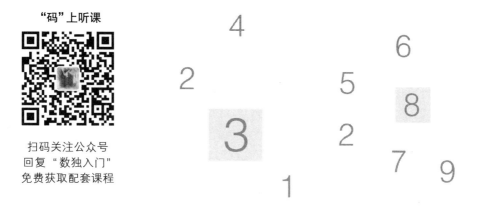

> **本章知识点**

1. 学习连续的区块排除方法；
2. 学习遇到卡点寻找区块排除的角度。

> **学习目标**

1. 熟练掌握区块排除法，并学会连续运用区块解决问题；
2. 在遇到宫内排除解决不了的情况时，迅速寻找区块排除线索；
3. 能够运用区块排除法解决有 28 个已知数的标准数独题。

上一章我们学习了数独解题常用的第二种排除法——区块排除法，不需要确定区块内数字填入的具体位置，便可以排除区块共同所在行（或列）的其余格填入该数的可能性，相当于"跳步"版本的宫内排除法。那么本章我们加大难度，继续学习区块的连续使用方法，以下面两个示意图为例来讲解。

一、区块排除法示意图

如图 8-1 所示，首先，我们用 A6 的 3 横向排除，于是一宫中的 3 仅可能填在 B1、C1 两格，形成 3 的区块。然后根据上一章学习的方法，我们沿着区块向下排除：无论 B1、C1 哪个格是 3，均可以排除 1 列其余格填 3 的可能性。然而当我们排除了七宫中的 G1、H1、I1 三格后，发现七宫的 3 仍无法确定唯一填入位置。

此时，我们可以利用新组成的区块继续排除。经上一步的排除后不难发现七宫的 3 只可填在 I2、I3 两格，于是又形成了新的有关 3 的区块，我们不妨将其标注出来。如果沿着刚得到的区块向右排除 I4、I5、I6 三格填 3 的可能性，再加上 H9 和 A6 对八宫的宫内排除，就可以得到八宫中新的数字：G5 = 3，如图 8 - 2 所示。所以遇到区块排除得不到数字填入的唯一位置的时候，不必着急，也许经过 2、3 次的连续排除后，会得到意想不到的结果！

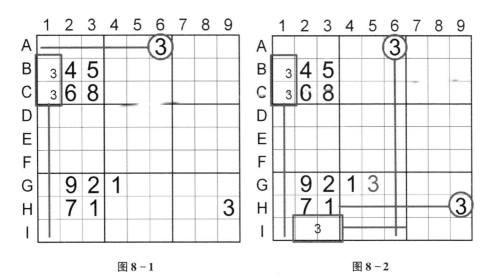

图 8 - 1　　　　　　　　图 8 - 2

如图 8 - 3 所示，又是一个需要连续用到区块进行排除的难题，这次我们给出示意图原题，请大家先思考几分钟，看看是否能够解出某数呢？

接下来我们一起来看一下。首先由 E9 的 2 横向排除，可以直接得到五宫的 2 的区块：D5、F5，区块的排除原理相信大家都有所掌握，此后就不再赘述了。由该区块向上排除 A5、B5、C5 填 2 的可能性，可以得到二宫中 2 的区块：B4、B6，如图 8 - 4 所示。

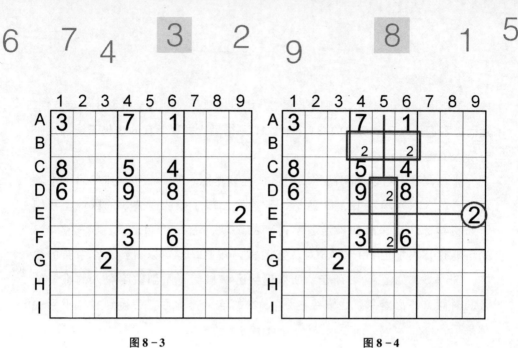

图 8-3　　　　　　　　图 8-4

用二宫得到的新区块横向排除，再加上 G3 的 2 纵向排除，可以再次得到一宫中 2 的区块：A2、C2；此题的确有难度，到目前依旧没有完成推解，那么不妨用新得到的区块再往下排除，再加上 G3 和 E9 的 2 对四宫的宫内排除，于是便可以确定四宫中 2 的唯一可能位置 F1。本题连用三个区块的排除才解出一个数，可以见得，区块有时可以解决高难度的数独题。仔细观察发现，此处还可以填出一个数，利用 F1=2 的条件，可以解锁五宫中的 D5、F5 区块，得到 D5=2，如图 8-5 所示。

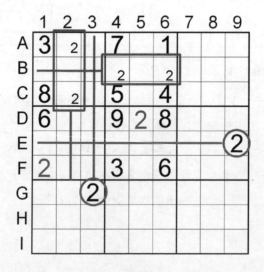

图 8-5

二、真题卡点讲解

如图 8-6 所示,这是一道难度系数相对较高的数独题,我们已经用宫内排除法解出了几个数字,就目前的情况来看,宫内排除法已失去继续解题的作用,陷入瓶颈。这时,便可用区块排除法继续解题。我们观察四宫,由 D7 和 B2 做宫内排除,得到 7 的区块:E1、F1。然后我们用该区块向下排除七宫的 G1、H1、I1 填 7 的可能性,再由 B2 =7 的线索,可以得到七宫中唯一可能填 7 的位置:H3 =7。本例中,区块排除本身不难,难在如何继续寻找解题的角度。当宫内排除法进行不下去的时候,我们应该自然而然地想到是否有可用的区块。解除卡点后,我们可以继续用宫内排除法解出一些数。希望大家在勤奋的练习中,训练对区块的敏感度,善于在题目中找到可用区块进行解题。

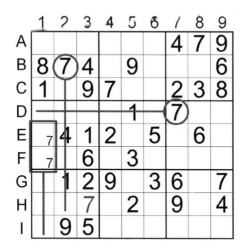

图 8-6

三、例题详解

通过上面的例子,相信大家对于区块的清除卡点的功能有了进一步的了解。下面我们在实际推算过程中寻找卡点,依次扫除障碍。如图 8-7 所示,这是一道已知数相对较少的题目，我们依旧考虑先从宫内排除法入手。先看已填次数较多的数字6，宫内排除得到九宫 G9 =6；观察二宫，宫内排除可得 B4 =5；观察数字 4，由宫内排除法可以得到六宫的 4，然后顺势向上排除得到三宫的 4，继续由三宫的 4 向左排除得到一宫的 4，继续向下排除得到七宫的 4；此时对五宫进行宫内排除，得到 F6 =4；顺势向下排除可得到八宫的 4，至此全盘的 4 已全部解出，如图 8 -8 所示。

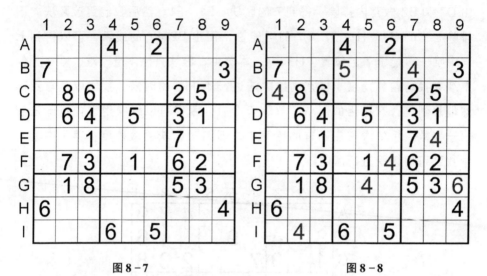

	1	2	3	4	5	6	7	8	9
A				4		2			
B	7								3
C		8	6				2	5	
D		6	4		5		3	1	
E			1				7		
F		7	3		1		6	2	
G		1	8				5	3	
H	6								4
I				6		5			

图 8 -7

	1	2	3	4	5	6	7	8	9
A				4		2			
B	7			5			4		3
C	4	8	6				2	5	
D		6	4		5		3	1	
E			1				7	4	
F		7	3		1	4	6	2	
G		1	8		4		5	3	6
H	6								4
I		4		6		5			

图 8 -8

接着我们观察数字 1，宫内排除可依次得到一宫、三宫、二宫、八宫、九宫的 1，全盘的 1 解出。然后观察九宫，由宫内排除得到 I9 =2；一宫中，宫内排除可得 A2 =3，顺势向下排除可得七宫的 3；此时一宫的 5 也可以排除填出，顺势向下可得七宫的 5，如图 8 -9 所示。

至此，利用宫内排除法已无法继续推解，遇到卡点。此处我们尝试用区块排除法“扫除”卡点。观察二宫，经排除，我们发现二宫的 8 只可能填在 A5、B5 两格，形成 8 的区块；借用此区块向下排除，再加上 G3 的 8 横向排除，从而得到八宫中 H6 =8，如图 8 -10 所示。这就是宫内排除无法继续进行推解时，利用区块“扫除”障碍的典型，也是本章的重点内容。

扫除障碍后，由新得到的 H6 =8 横向排除，得到九宫 I8 =8；此时九宫仅剩下两个空格，容易补充完整；7 列仅剩下一个空格，及时补全；填入 A7 的 8 后，之前标注的二宫有关8 的区块便可以成功“解锁”了，得到 B5 =8。宫内排除可得三宫的7、二宫的6。然后依次补全 A 行、三宫的空格；七宫此时仅剩三个空格，可用宫内排除补充完整；由新填出的 H3 =2 向上排除可补全一宫剩余的两个空格；顺势分别补全2 列、H 行、I 行仅剩的一个空格，如图8 －11 所示。

至此，本题继续使用简单的宫内排除即可全解，在此不再赘述。答案如图8 －12所示。

	1	2	3	4	5	6	7	8	9
A	1	3	5	4		2			
B	7			5		1	4		3
C	4	8	6				2	5	1
D		6	4		5		3	1	
E			1				7	4	
F		7	3		1	4	6	2	
G		1	8		4		5	3	6
H	6	5		1					4
I	3	4		6		5	1		2

图8 －9

	1	2	3	4	5	6	7	8	9
A	1	3	5	4		2			
B	7			5	8	1	4		3
C	4	8	6				2	5	1
D		6	4		5		3	1	
E			1				7	4	
F		7	3		1	4	6	2	
G		1	8		4		5	3	6
H	6	5		1		8			4
I	3	4		6		5	1		2

图8 －10

	1	2	3	4	5	6	7	8	9
A	1	3	5	4	6	2	8	9	7
B	7	2	9	5	8	1	4	6	3
C	4	8	6				2	5	1
D		6	4		5		3	1	
E		9	1				7	4	
F		7	3		1	4	6	2	
G	9	1	8		4		5	3	6
H	6	5	2	1	3	8	9	7	4
I	3	4	7	6	9	5	1	8	2

图8 －11

	1	2	3	4	5	6	7	8	9
A	1	3	5	4	6	2	8	9	7
B	7	2	9	5	8	1	4	6	3
C	4	8	6	9	7	3	2	5	1
D	2	6	4	7	5	9	3	1	8
E	8	9	1	3	2	6	7	4	5
F	5	7	3	8	1	4	6	2	9
G	9	1	8	2	4	7	5	3	6
H	6	5	2	1	3	8	9	7	4
I	3	4	7	6	9	5	1	8	2

图8 －12

四、本章总结

本章进一步讲解了区块排除法的应用。重点掌握两点内容：第一，区块排除的过程不一定一次就可以得到数字填入的唯一位置，有时需要连续的2、3个区块排除操作，才可能解出一个数字，因此大家在做题的过程中遇到区块，无论目前是否有用，都可以及时标注好，为后续排除和解题提供便利。第二：区块排除法不仅可以在原有宫内排除法的基础上加快解题效率，而且还可能在宫内排除法解决不了的情况下“扫除”卡顿，使解题过程更加流畅。需要注意的是，虽然区块排除法可以高效解除卡点，但使用更加广泛的方法依旧是宫内排除法，也就是说全盘依旧以宫内排除法为主力进行解题，不必刻意寻找区块进行排除解题，而是自然而然地标注区块，抓住时机，高效排除。

五、本章练习题

第 71 题　　　　用时：________

	7		6					
	5			9		6	1	3
1	8		2					
				6		3		7
			1		4			
8		2		7				
					2		5	8
4	2	3		8			7	
					7		3	

第72题　　　用时：_____

			4	3	7			
3		7				8		2
		9				3		
5				7				1
	4		6		5		8	
8				2				6
		1				2		
9		8				5		4
			3	5	8			

第73题　　　用时：_____

	5		1					2
7		3	5					1
	2				6			4
	7			6		4		
				8		2		
		6		1			8	
2				9			5	
9					1	6		8
5					8		2	

第74题 用时：＿＿＿＿

	8						3	
4		5	9			1		8
	6		1				7	
				7		3	8	
			5		4			
	5	6		1				
	3				2		4	
5		8			6	9		3
	7						5	

第75题 用时：＿＿＿＿

7		3				2		5
				7		1		
5				8	2			6
	3	9					7	
		4				5		
		5				4	2	
4			9	6				8
			4		8			
8		5				6		7

第 76 题　　　　用时：________

8					9		3	
				1		7		9
7		6			5			
	7			2			5	
	4	1				9	7	
	5			6			2	
			8			5		3
5		3		4				
	6		3					1

第 77 题　　　　用时：________

	3			5			4	
8						3		6
	4		7	6				
			6		8	9		
6		7				8		2
		1	5		2			
				4	7		3	
9		4						5
	6			2			9	

第 78 题　　　　　用时：_____

		8		5	6		4	
						1		6
6		2		3			5	
					4			8
8		1				2		4
3			7					
	8				2	9		3
1		5						
	2		6	4		8		

第 79 题　　　　　用时：_____

			9	5	2			
		3		1		7		
	2	1					9	
4			7					2
1	9						8	6
2					6			7
	7					3	5	
		9			2	4		
			8	7	1			

第 80 题　　　　用时：_____

1				9		5		
5		4			6			
9				5			7	2
	1			7				
	7	8				4	9	
				4			3	
3	6				5			9
			8			3		5
		5			7			1

8
 6
7 4 3 2
1 5 9

第九章

行列排除法讲解

“码”上听课

扫码关注公众号
回复“数独入门”
免费获取配套课程

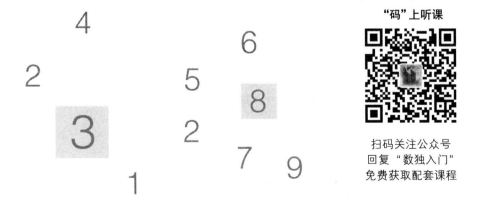

6 7 4 3 2 9 8 1 5

> **本章知识点**
>
> 1. 学习全新扫除卡点的方法——行列排除法；
> 2. 学习从行列线索和宫线索两种角度进行排除。

> **学习目标**
>
> 1. 理解行列排除法的排除原理；
> 2. 学会以行列和宫两种线索进行排除，而不仅局限于只使用行列的线索；
> 3. 可以用行列排除法解决有 28~32 个已知数的标准数独问题。

到目前为止，我们已经学习了两个常用的排除法，宫内排除法和区块排除法。由这两个排除法撑起了数独解法的大"框架"。但是这两种方法虽然常用，却也有各自的局限性，有时遇到卡点，容易把解题步骤变得繁琐。那么，本章我们介绍一种新的排除法——行列排除法。类比于宫内排除法，行列排除法是以行（或列）为基准，用该行（或列）外的数字线索排除该行（或列）上的空格填入某数字可能性，从而得到唯一的位置。其实，在开始的六宫讲解中我们已经接触过行列排除法了，这里为九格，观察难度提升。我们首先看两个示意图。

一、行列排除法示意图

说了这么多复杂的概念，大家是不是还有些不太理解，那么让我们来看两个实例体会一下。行列排除法是以行或列为基准，如图 9-1 所示，我们可以观察 G 行，已知数中没有 6，因此数字 6 一定在 G3、G4、G6、G7 四个空格之一，下面我们需要做的就是观察 G 行外的线索，排除其中三个空格填 6 的可能性：由 A3、D4、F7 分别向下排除 G3、G4、G7，从而得到 G 行唯一的一个可以填入 6 的空格，那就是 G6。

行列排除法有两个不同的线索角度，上一例中我们用到的只是行列的排除线索。我们看下面一个例子，如图 9-2 所示，观察 3 列，确认已知数中没有 5 后，剩余的五个空格 A3、B3、C3、E3、I3 中就必有其一为 5，我们需要做的是用 3 列以外的数字 5 的线索对这里的空格进行排除。注意，这里会存在一个误区，在之前的学习中我们已经强调过，这里我们再着重强调一遍：用 A1 的 5 横向排除 A3 填 5 的可能性，这没有错，但是请大家思考，A1 的 5 只能排除 A3 这一个格么？实际上，在不考虑 3 列的情况下，A1 的 5 全盘排除范围应该是 A 行、1 列和一宫，只不过这里我们用到的应该是排除范围与 3 列空格的共同区域，即 A3、B3、C3。因此，与其说 A1 横向排除 A3，倒不如说用 A1 直接排除所在宫的 A3、B3、C3 更加合理。再加上 I7 的横向排除，可以确定出 3 列中唯一可能填入 5 的位置为 E3。

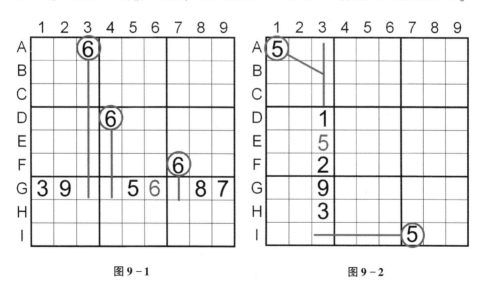

图 9-1   图 9-2

因此，行列排除法的两个排除线索是：第一点，以已知数横向或纵向排除；第二点，以已知数直接排除所在宫。其中第二种在排除过程中比较容易被忽略，请大家尽量注意。

二、真题卡点讲解

下面我们进行实战练习,如图9-3所示。这道题宫内排除法已用尽,此处必须用高于宫内排除法的技巧才可以解除卡点,我们不妨试一下行列排除法。观察1列,已知数并没有数字5,因此数字5一定在B1、C1、F1、H1四个空格之一;然后我们在1列外寻找线索,由B2的5排除所在宫的B1、C1填5的可能性,再由F8的5横向排除F1填5的可能性,于是1列的5仅可能填在H1。

当然此处也可以用区块排除法得到H1=5,如图9-4所示。先观察四宫,由宫内排除容易得到5的区块:D3、E3,再由该区块顺势向下排除H3填5的可能性,再加上B2的5对七宫的排除,得到H1=5。

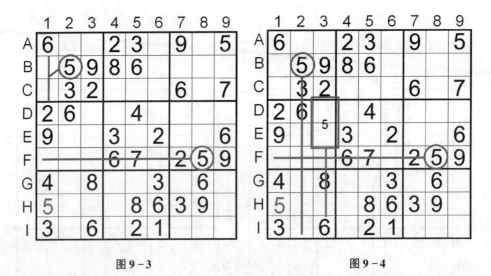

图9-3　　　　　　　　图9-4

虽然,有时行列排除法与区块排除法殊途同归,但这并不意味着行列排除法可以由区块排除法所替代,并不是所有行列排除解出的数字都可以用区块排除等效得到(这里只考虑长或宽有且仅有一个格的长条矩形区块)。所以有些卡点的解决,必须依靠行列排除法。

三、例题详解

我们一起来完整地做一道例题,如图9-5所示。我们首先观察已填次数较多的数字8,宫内排除得到一宫、五宫、九宫的8,再由新填出的C2=8横向排除得到二宫的8,至此全盘的8已解。观察八宫,宫内排除可得G5=6;然后有了G5的占位,不难得到I5=3;观察二宫,宫内排除可得B4=4;观察五宫,宫内排除可得E5=9;接着可以补全5列仅剩的一个空格:C5=5;此时五宫的缺失数字5、6、7可以由宫内排除依次补全;然后由刚填出的F4=7向下排除得到H6=7,如图9-6所示。

图9-5　　　　图9-6

至此,宫内排除条件已用尽。我们不妨尝试本章所讲的行列排除法解除卡点。观察2列,已知数中没有数字7,因此7一定在B2、D2、F2、G2、H2五个空格之一,我们由B5、D9、F4、H6的7分别横向排除,可以得到2列中填7的唯一可能位置为G2,如图9-7所示。注意,我们仔细观察可以发现,这里的G2=7是不能够用前两章所讲的区块排除法得到的,这就侧面印证了行列排除法和区块排除法是不可相互取代的!

有了新的 G2 =7 条件，我们便解除了卡点，可以回归宫内排除法进行解题了。由宫内排除容易解得全盘的7；然后 A 行和 I 行均只剩下一个空格，可及时补充。对一宫进行宫内排除易得 C3 =4，顺势排除可依次解出四宫和六宫的4；宫内排除法可得三宫的6，顺势依次解出六宫、四宫的6；补全 E 行的空格，如图9 –8 所示。

	1	2	3	4	5	6	7	8	9
A	2	5		6	8	9		1	3
B	6			4	7				8
C		8		3	5				
D	3			8	4	5	1		7
E		1		2	9	3		8	
F	5		8	7	1	6			2
G		7			6	8			
H	4				2	7	8		6
I	8	6		9	3	4		2	1

图9 –7

	1	2	3	4	5	6	7	8	9
A	2	5	7	6	8	9	4	1	3
B	6			4	7				8
C		8	4	3	5		6	7	
D	3			8	4	5	1	6	7
E	7	1	6	2	9	3	5	8	4
F	5	4	8	7	1	6			2
G		7			6	8			
H	4				2	7	8		6
I	8	6	5	9	3	4	7	2	1

图9 –8

本题后半部分就没什么难度了。由宫内排除法可得九宫的4、三宫的2；由刚得到的 B7 =2 可以排除补全二宫的剩余两个空格；再由新出的 B6 =1 横向排除得到一宫的1；顺势依次补全 C 行、三宫、1 列、9 列的剩余一个空格；由新得到的 G9 =5 向左排除可补全八宫剩余的两个空格，如图9 –9 所示。

至此，仅剩下一宫、四宫、六宫、七宫、九宫来补全，每宫最多剩下三个空格，可以通过宫内排除法依次进行补充。需要强调的是，补六宫在补九宫之后，补一宫、四宫在补七宫之后，由此可以得到全盘答案，如图9 –10所示。

图 9-9

图 9-10

四、本章总结

经过完整的例题讲解，相信大家对于行列排除法有了基本的认识。类比于宫内排除法，行列排除法是以行（或列）为基准，由该行（或该列）以外的数字线索排除该行（或该列）内的空格填入数字的可能性，最终得到某数唯一的可填入位置。与宫内排除法不同的是，在该行（或该列）外的数字线索可以有两种角度进行排除的运用：一是横向或纵向排除（例如示意图 9-1），二是对所在宫的位置进行排除（例如示意图 9-2）。而其中第二种排除线索对于初学者而言很容易忘记，或难以观察到，因此希望大家多加练习，熟练掌握两种观察角度。

另外需要大家明确的是，行列排除法是继区块排除法外另一个用来解除"卡点"的常用方法，用区块排除法和行列排除法以不同的排除角度却能够得到相同的数字结果（例如本章真题卡点的例子）；但这并不意味着行列排除和区块排除可以相互替代，有时行列排除法得到的结果并不能用区块的排除角度得到（例如例题详解中的图 9-7，此处只可用行列排除法才可以得到 G2 =7 的结果）。因此两种解决卡点的方法各有所长，希望大家能够兼得。相信在后续不断的练习中，大家对于各种排除法的应用可以做到"得心应手"。

五、本章练习题

第 81 题　　　　用时：_____

	8			3	5		1	
							7	3
2	6				1			
		4	2		5			8
3								4
9			1		3	6		
			9				6	7
8		2						
		6		2	7		3	

第 82 题　　　　用时：_____

			2	5		7		
				7			6	
6			9		2			5
7		4				2		
	3			2			5	
		6				3		4
8			6		7			1
	2				9			
		1			3	9		

第 83 题　　　用时：_____

	3	9				1		
1					7		9	
2				9	1	5		4
					6	4	8	
		3		8		7		
	8	6	1					
9		8	4	1				5
	1		9					8
		5				9	7	

第 84 题　　　用时：_____

			4	2	3			
	3						9	
		7	8		1	2		
9		2	6		4	7		3
7				5				2
1		6	3		2	9		5
		8	2		6	1		
	1						2	
			1	4	5			

第 85 题　　　用时：________

5	4						1	9
7			5	1				4
		3			9			
	9			3	8	1		
	7		1		2		9	
		1	6	9			8	
			2			3		
1				7	3			5
4	3						7	1

第 86 题　　　用时：________

8			5	9	7			3
		2		4		8		
1								7
		3	9		8	2		
7		5				3		8
		1	3		4	5		
5								2
		4		1		7		
9			7	2	5			4

第 87 题   用时：_____

	6			5				2
		3	8				7	
			1				3	6
	5				8	6		7
7								1
9		2	7				8	
4	8			6				
	1			2	3			
2				1		7		

第 88 题   用时：_____

	4							
6					1	2	3	
				4		3	7	8
		1				8	9	7
	3							1
	9	6	7			5		
	5	3	2		4			
	7	9	3					4
							3	

第 89 题　　　　用时：________

6					9	2	3	5
	4		8	2				1
								9
	8		6					2
	5			7			4	
2					1		6	
3								
4				9	5		2	
8	6	5	1					7

第 90 题　　　　用时：________

6	1						4	5
		9				6		
3				7				9
	6		5		4		2	
		8				1		
	7		2		8		5	
5				6				2
		2				7		
7	9						1	8

第十章

排除法综合讲解

“码”上听课

扫码关注公众号
回复“数独入门”
免费获取配套课程

6 7 4 3 2 9 8 1 5

> **本章知识点**

1. 对宫内排除法、区块排除法、行列排除法进行巩固性练习；
2. 学习区块排除法和行列排除法的结合使用；
3. 在数独真题中，体会不同情况下各种突破卡点的角度。

> **学习目标**

1. 熟练掌握三大排除法的原理与应用；
2. 学会将三种排除法结合使用；
3. 能够运用三大排除法解决有 24~28 个已知数的较难数独题。

在前几章中我们学习了三大基本排除法：宫内排除法、区块排除法、行列排除法。本章我们主要对各种排除法进行复习，并体会排除法结合使用的情况。先回顾一下各排除法的应用方法：

宫内排除法：以宫为基准，用宫外的数字线索排除宫内空格，从而得到数字填入的唯一可能位置。

区块排除法：若某宫中有且只有2、3个格有填入某数的可能性，且这些空格形成长条矩形的"区块"，我们便可以用此区块排除区块区域共同所在的行或列上其余空格填入该数的可能性。

行列排除法：以行（或列）为基准，用该行（或该列）外的数字线索横向、纵向排除或排除所在宫的空格填入某数字的可能性,从而得到该行(或该列)中唯一填入该数的可能位置。

相信大家通过前几章的学习,对各排除法的概念已十分清晰,但概念只是一段文字,更重要的是付诸实践,希望大家在解决数独真题的过程中能够善于观察发现,并选择合适的排除方法进行求解。

一、各种排除法示意图

首先,我们先分别对三种排除法进行复习,如图 10-1 所示。观察一宫,由宫内排除得到一宫中的 2。具体的推算步骤是:由 A6 和 C7 的 2 横向排除 A 行和 C 行,再由 E2 的 2 向上排除,从而得到 B1 =2。下面观察六宫,由 C7 和 E2 的 2 进行排除,发现六宫的 2 只可能填在 F8、F9 两格,形成有关 2 的区块,于是可以用此区块对五宫进行横向排除,再加上 E2、A6 的排除,从而得到五宫中 D5 =2,这便是我们常用的区块排除法。

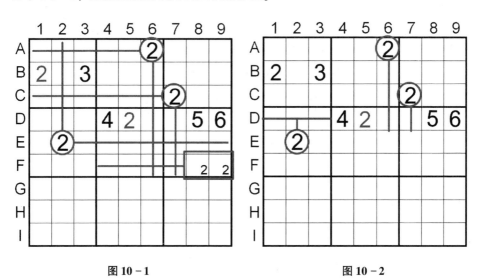

图 10-1　　　　　　图 10-2

当然此处的 D5 =2 也可以用行列排除法得到。具体的推算步骤是:D 行中的 2 有可能填在剩余的六个空格中,下面对可能性进行逐一排除,由 E2 的 2 排除所在宫的 D1、D2、D3 填 2 的可能性,再由 A6 和 C7 的 2 纵向排除 D6、D7

填 2 的可能性，从而得到 D 行中唯一可能填入 2 的空格为 D5，如图 10-2 所示。

之前我们分别讲解了各排除法的使用方法，实际上，有时为解决复杂的卡点，各排除法的结合使用可能会更有效。这里我们举一例，如图 10-3 所示，本题中由单独的排除法可能会难以入手，我们这里考虑区块 + 行列排除法的结合使用。首先观察二宫，经排除知道，数字 4 只可能填在 B5、B6 两格，由此形成有关 4 的区块；下面用此区块对 2 列空格进行排除：以 2 列为基准，数字 4 必填在六个空格之一，我们设法用 2 列外线索进行排除。由 C8 的行排除、H1 的所在宫排除，以及刚刚得到的 B5、B6 有关 4 的区块横向排除，进而得到 2 列中唯一可能填入 4 的位置为 D2。

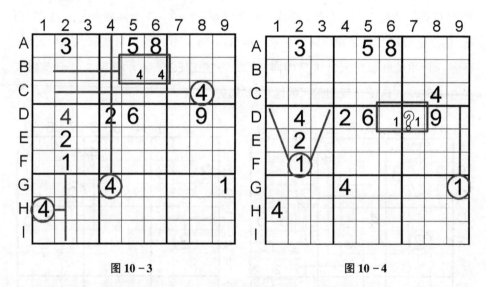

图 10-3　　　　　　　　　图 10-4

讲了这么多，大家是否会有这样的疑问：我们之前讲过的区块是指同宫内具有填入某数可能性的所有空格形成的条状矩形区域，那么若某行或某列具有填入某数的可能性也连成条状矩形区域，是否需要标注区块呢？我们就以本例来进行说明，如图 10-4 所示，在 D 行中，由 F2 和 G9 的 1 进行排除，得到 D 行的 1 只可能填在 D6、D7 两格之一，那么这种情况是否需要标注为区块呢？答案是否定的。我们标注区块的意义，主要是为了后续的排除，或为后期通过宫内排除进行"解锁"做准备，而此处的区块并无上述两点作用。若我们标注了 D6、D7 的区块，根据区块排除规则，此区块主要用到的排除范围是 D 行的其余格填 1 的可能性，但是我们本来就是通过排除掉其余格填 1 的可能性才得到此区块，这样一来，此举的排除便显得十分冗余了。因此，这种区块既起不到任何排除作用，又会对后续的解题过程造成标注混乱，甚至会与宫内区块相互混淆。所以这种行列形成的不在同一宫的区块，我们不建议标注。

二、真题卡点讲解

下面我们将新学到的各排除法的结合运用到实际解题中。如图 10-5 所示，本题至此宫内排除法已不再有效，我们不妨使用区块+行列排除法的结合解除卡点。首先观察八宫，经排除得到八宫的 2 只可能填在 I5 或 I6，由此形成 2 的区块。再由该区块横向排除 I8，再加上 B4 的 2 横向排除和 E9 的 2 对所在宫进行排除，可以得到 8 列的 2 只可能填在 C8 格。当然本题也可以单独用区块排除或行列排除突破卡点，但"招多不压身"，学会综合使用各排除法会对解题有更大帮助，尤其是在比赛中，时间紧迫，如果在难以观察到可以运用单独的排除法应对卡点时，不妨尝试标注区块，再考虑是否对于行列排除法提供了一些新的排除线索。

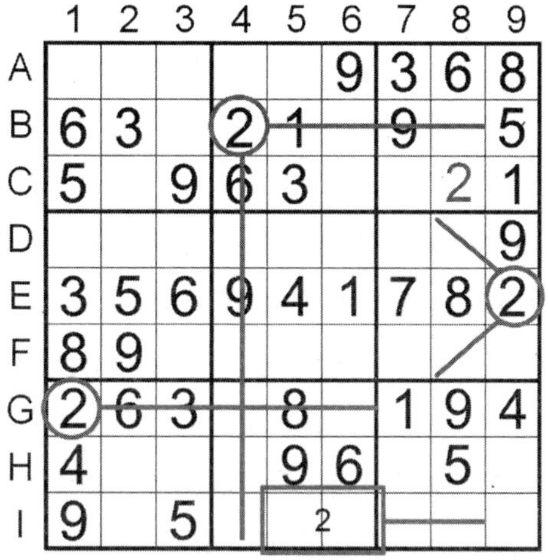

图 10-5

三、例题详解

在实际应对卡点问题时，一般是能用什么方法就用什么方法，也不必刻意去追求简洁，有时寻找最佳突破卡点的方法反而会浪费更多的时间。下面我们一起来完成一道题目，如图 10－6 所示。依旧是以宫内排除法入手解题：排除易得八宫的 1、三宫的 4，接着可依次得到三宫和一宫的 8；观察七宫，排除易得 6 的区块：H1、I1，由此区块向上排除可以得到一宫的 6；进而向右排除可以得到二宫 6 的区块，由此区块向下排除可得到八宫的 6，如图 10－7 所示。

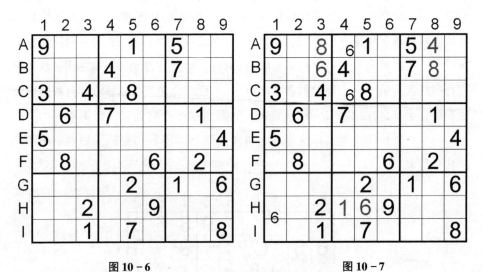

	1	2	3	4	5	6	7	8	9
A	9				1		5		
B				4			7		
C	3		4		8				
D		6		7				1	
E	5								4
F		8				6		2	
G					2		1		6
H			2			9			
I			1		7				8

图 10－6

	1	2	3	4	5	6	7	8	9
A	9		8	6	1		5	4	
B			6	4			7	8	
C	3		4	6	8				
D		6		7				1	
E	5								4
F		8				6		2	
G					2		1		6
H	6		2	1	6	9			
I			1		7				8

图 10－7

由新填出的 H5 =6 便可以解锁原七宫有关 6 的区块了，得到 I1 =6；再由 G9 的 6 向上排除可得三宫有关 6 的区块：C7、C8，由此区块向左排除，可以解锁原二宫中 6 的区块。此时六宫中 6 的区块也可以进行标注，虽起不到排除的作用，但可以为后续的解锁节省时间。由宫内排除易得九宫的 2、五宫的 1；顺势向左排除可以得到四宫的 1；由 I9 的 8 横向排除易得八宫中 8 的区块：G4、G6，由该区块向左排除可得到七宫的 8，如图 10－8 所示。

6 7 4 **3** 2 9 **8** 1 5

	1	2	3	4	5	6	7	8	9
A	9		8	6	1		5	4	
B			6	4			7	8	
C	3		4		8			6	
D		6		7				1	
E	5					1		6	4
F	1	8				6		2	
G				8	2	8	1		6
H	8		2	1	6	9			
I	6		1		7		2		8

图 10 - 8

　　由宫内排除易得四宫的 4；这时，观察 1 列，仅剩下两个空格，可以通过行列排除法将其补全：G1 =7，B1 =2；再观察 3 列，由 E1 的 5 排除所在宫，可以得到 G3 =5。由宫内排除易得四宫的 2，进而依次观察并排除，容易解出全盘的 2。然后宫内排除可得五宫的 8，进而可向下解锁八宫中 8 的区块；由 E4 =8 向右顺势排除，可得到六宫的 8，至此数字 8 已全解，如图 10 -9 所示。

	1	2	3	4	5	6	7	8	9
A	9		8	6	1		5	4	2
B	2		6	4			7	8	
C	3		4	2	8			6	
D	4	6		7		2	8	1	
E	5	2		8		1		6	4
F	1	8				6		2	
G	7		5		2	8	1		6
H	8		2	1	6	9			
I	6		1		7		2		8

图 10 - 9

　　继续观察，宫内排除可得八宫的 4、二宫的 9；然后由新得到的 B5 =9 向下排除可得五宫的 9；此时八宫剩余的两个空格容易排除补全；我们继续用宫内排除解题，三宫中可以依次排除解出3和1；此时观察9列，用行列排除可以得到D9 =9；接着对六宫进行宫内排除可得F9 =5；顺势补全9列仅剩的一个空格；再考虑对六宫进行宫内排除可得E8 =7，由E8格的占位，六宫中6的区块便可自动“解锁”：E7 =6，向上排除也可以“解锁”三宫中6的区块。随即补全三宫、六宫、7列的空格，如图10－10所示。

至此，本题到了收尾阶段，后续的空格仅需通过简单的宫内排除法即可“补空”，在此不再赘述，答案如图10－11所示。

	1	2	3	4	5	6	7	8	9
A	9		8	6	1		5	4	2
B	2		6	4	9		7	8	3
C	3		4	2	8		9	6	1
D	4	6		7		2	8	1	9
E	5	2		8		1	6	7	4
F	1	8		9		6	3	2	5
G	7		5	3	2	8	1		6
H	8		2	1	6	9	4		7
I	6		1	5	7	4	2		8

图10－10

	1	2	3	4	5	6	7	8	9
A	9	7	8	6	1	3	5	4	2
B	2	1	6	4	9	5	7	8	3
C	3	5	4	2	8	7	9	6	1
D	4	6	3	7	5	2	8	1	9
E	5	2	9	8	3	1	6	7	4
F	1	8	7	9	4	6	3	2	5
G	7	4	5	3	2	8	1	9	6
H	8	3	2	1	6	9	4	5	7
I	6	9	1	5	7	4	2	3	8

图10－11

四、本章总结

本章我们全面复习了三种排除法的应用方法，并讲解了在遇到较为复杂的“卡点”时，如何将各排除法结合起来进行排除。由于区块排除法大多数情况下的排除过程都借助了宫内排除法，因此本次我们主要介绍的是区块＋行列排除法的结合使用。当实际题目遇到卡点时，我们不太确定用哪种方法更好，而经常是自然对区块进行标注，然后再沿其可排除方向进行观察，看是否可以得到某行、某列或某宫某数字填入的唯一可能位置。

后续的例题讲解中会经常用到这三种基础的方法，因此希望大家多做些练习题巩固一下，并能够熟练掌握，做题不“愁”！

五、本章练习题

第 91 题　　　　用时：＿＿＿＿

				9	2	3		
	4		5				7	
1			4	6				
3						9	8	
7		2				5		4
	6	5						7
				4	1			3
	8				6		1	
			1	7	2			

第 92 题　　　　用时：＿＿＿＿

			9	4			2	
		9		2				7
	5	4	1			8		
1		6	2					
8	3						1	4
						1	5	6
		1			2	7	8	
7					9	3		
	4				1	8		

第 93 题　　　用时：_____

	4			6		7		
						1	2	3
8	9		2					
	2			1		8		
5			8		3			4
		3		9			6	
					6		4	8
4		5	3					
		8		4			7	

第 94 题　　　用时：_____

		3		9		4		
2			5		6			9
6								1
	5		6	8	9		7	
	9		7	3	1		4	
9								4
1			2		3			5
		6		5		7		

第 95 题　　用时：_____

		9	3		5			8
	7			6				
		1					4	5
	6				1			3
				3				
8			5				2	
7	9					2		
				4			5	
2			8		6	7		

第 96 题　　用时：_____

		8		9	7			
	1		8				6	
			1	2				9
1						6	3	
2		5				7		8
		7	6					1
4					8	3		
	6				2		9	
				9	7		4	

第 97 题　　　用时：_____

	2			5			8	
4	7						1	6
			2		1			
		7		6		4		
6			8		2			7
		2		1		6		
			9		7			
3	9						7	4
	4			3			6	

第 98 题　　　用时：_____

	8	1		2				
					9	6		1
	7		6					3
	2		1		3	9		
5								4
		3	8		6		1	
1						2		5
7		9	4					
					8		4	7

第 99 题   用时：＿＿＿＿

		1	5			9		
	2				7			
3					2			7
6			1		3	5	7	
		5	4	2		6		8
8				4				9
				7			1	
		7			5	3		

第 100 题   用时：＿＿＿＿

5	1						8	
2				1	9			6
		7	6					
		1		8			7	
	3		7		4		1	
	4			9		3		
						1	4	
4			9	3				1
	2						9	3

8
6

7 4 3 2

1 5 9

第十一章
数对占位法入门

6 7 4 3 2 9 8 1 5

> **本章知识点**

1. 学习全新的排除方法——数对占位法；
2. 学习如何利用区块的自然标注寻找数对。

> **学习目标**

1. 明确数对占位法的基本排除原理；
2. 掌握得到数对的一般方法，并学会标注；
3. 能够运用数对占位法突破卡点，解决有 28 个已知数的标准数独。

经过讲解三大排除法的单独使用与结合使用，相信大家对于初级标准数独的解题方法已大体掌握。本章我们将继续加大难度，学习适用于已知数更少的题目的解决方法——数对占位法，这也是本书中所讲解的最后一个排除法。首先，什么是数对呢？如果同宫内某两个数的可能性均在同样的两个空格中，且仅有这两格有填入这两个数的可能性（简称"能且仅能"条件），我们就将此两格称为"数对"区域。

如图 11-1 所示，我们举几个标注的例子。二宫中，若数字 4 和 9 均能且仅能填在 C5 和 C6 两格中，我们就可以将其标注为 4 和 9 数对。与区块的标注方法类似，若数对所在的两格相邻，为标注方便，我们可以直接标注在两格中间的线上（后续讲解中，在不影响观察的前提下，我们通常使用这种标注方法),当然也可以选择分开标注,比如六宫中,若数字7和8均能且仅能填在E7和F7两格,此处便形成7和8数对,我们可以选择在两格中分别做标注。当数对所在格并不相邻时,我们只好进行分开标注,比如七宫中,若数字4和5均能且仅能填在G1和G3两格,那么此处便"隔空"形成了4和5数对,需分开标注。数对的形成情况不止上述几种,这里与区块不同的是,区块只可以形成"长条状"矩形区域,而数对的区域却并无此限制,只要保证是同宫内的两个格,且满足"能且仅能"的条件,就可以自然地形成数对。例如九宫中,若数字1和9均能且仅能填在G9和I7两格,我们便可以标注为"非矩形"的1和9数对。在本章中,我们主要讲解"长条矩形"数对的获得与占位,有关"非矩形"的数对占位情况,留到下一章集中讨论。

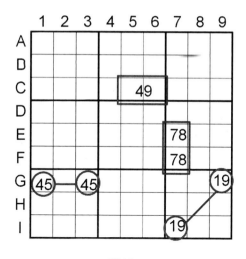

图 11-1

一、数对占位法示意图

数对的标注对解题有什么用呢?下面我们通过两个示意图来体会一下。标注数对的目的区别于前面三种排除法的是,前三种主要是通过数字(或数字的区块)进行其他格填入某数字的可能性的排除,而数对占位法更重要的目的是"占位"。所谓"一个萝卜一个坑",有了数对的占位,便限制了其余数字填入该格的"权力"。具体的使用过程，我们观察图11-2，本例应用前面所学的三种排除法已难以解出数字。但经排除可以，在五宫中得到数字4和6的区块我们发现4和6的区块在同样的一个区域：E5、E6。我们进一步来理解这里的"重合区块"，五宫的数字4和6均只可能填在E5、E6两格，这样就可以罗列出两种可能性：E5=4，E6=6 或者 E5=6，E6=4，且仅有这两种可能。我们发现，无论是哪种可能，E5、E6两格并没有填入除4和6以外的数字的可能性，这便是数对占位法的核心原理。我们并没有通过区块排除其他格填入4或6的可能性，而是排除了数对区域格填入其他数字的可能性。

有了数对的占位，我们再来对五宫的2进行宫内排除，由I4的2可以纵向排除D4、E4、F4填2的可能性，再加上E5、E6不可能填入除4和6以外的其他数字的限制条件，可以得到F5=2，如图11-3所示。这里显示了数对的"占位"作用。我们虽从4和6入手进行排除，却得到了数字2可填入的唯一位置。

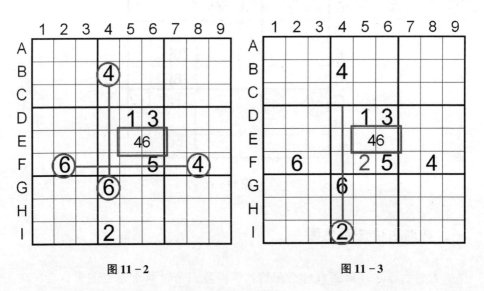

图11-2　　　　　　　　　　图11-3

通过上面例子的讲解，相信大家对数对占位法有了初步的认识。上一例中我们得到数对的方式是通过两个数字的同样排除结构得到的（示意图11-2中对五宫单行单列排除得到4和6数对），但这并不意味着排除结构一定要相同，只要排除得到同样的数字可填入位置即可。在图 11-4 中，我们观察七宫，经双列排除可得到填入 5 的可能位置：G1、H1；再由单行单列排除可得到填入 3 的可能位置：G1、H1，由于 3 和 5 可填入的两个位置完全相同，于是可形成 3 和 5 数对。这里得到 3 和 5 数对的排除结构就不完全相同。

有了数对的占位，意味着 G1、H1 只可填入 3 和 5，只是相对位置暂不确定，但不可再填入其他数字。这样一来，除数对外，七宫其余的三个空格很容易通过宫内排除法进行补全，如图 11-5 所示。

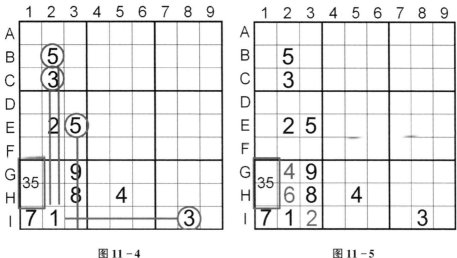

图 11-4　　　　　　　　图 11-5

通过以上两例，我们可以总结出：区块是指两个数字分别填在指定的两个空格构成的区域中，只不过数字填入的相对位置不确定。但是这意味着两层含义：一是其余空格中不可再填入这两个数；二是这两个空格中只能填入这两个数，不可填入其他数字。换句话说，数对与其他空格形成了相互完全不相干的两个区域。

二、真题卡点讲解

接下来我们看一道真题，如图 11-6 所示，本题至此用宫内排除法已解尽，此处需要用更高级的方法来突破卡点。我们不妨运用数对占位法解除本题卡点：观察三宫，经排除发现三宫的数字 3 和 5 只可能填在 A9、C9 两格，由此形成了 3 和 5 数对。此数对的意义在于三宫的 3 和 5 应填在 A9、C9 两格，但两数填入的相对位置目前难以确定，但我们可以用此数对对其他空格进行占位。接着由 F8 的 9 向上排除，再加上数对的占位限制，容易得到三宫中 B9 =9。

数对占位法的好处在于，将宫内空格分为两个相互独立的区域，这样一来，我们继续进行排除时可以不必以宫内所有空格为排除范围，而可以在两个独立的小区域分别进行“域”内排除。

	1	2	3	4	5	6	7	8	9
A						4	8		35
B	8	3			5		4		9
C	4	1					2		35
D	3	9	6		7		5		
E	7	8	4	5	9	6	1	3	2
F	1	5	2	4	3	8	6	9	7
G			1					2	
H			8		6			5	
I			3	9			7		

图 11 - 6

三、例题详解

接下来我们做一道例题，如图 11 - 7 所示。首先，我们依旧是从宫内排除法入手。宫内排除可依次得到八宫、二宫的 6；然后对八宫继续进行排除，得到 G5 =7；对二宫排除，得到 B5 =5。宫内排除已进行得差不多了，此时我们可以转向观察行列，7 列中行列排除，得到 G7 =3；对 G 行进行行列排除，得到 G1 =8，如图 11 - 8 所示。

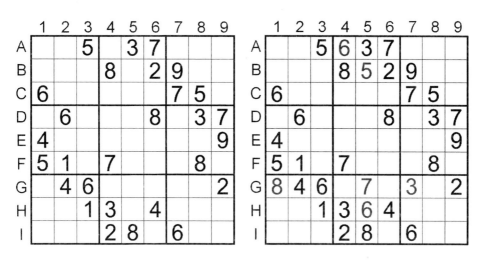

	1	2	3	4	5	6	7	8	9
A			5		3	7			
B				8		2	9		
C	6						7	5	
D		6				8		3	7
E	4								9
F	5	1		7				8	
G		4	6						2
H			1	3		4			
I				2	8		6		

图 11-7

	1	2	3	4	5	6	7	8	9
A			5	6	3	7			
B				8	5	2	9		
C	6						7	5	
D		6				8		3	7
E	4								9
F	5	1		7				8	
G	8	4	6		7		3		2
H			1	3	6	4			
I				2	8		6		

图 11-8

至此，用各种基本的排除法解题仿佛已陷入瓶颈。我们尝试用本章所学的数对占位法突破卡点。如图 11-9 所示，四宫中经排除，得到数字 7 和 8 均只可能填在 E2、E3 两格，由此形成了 7 和 8 数对，这样一来，就把四宫的五个空格分成了两个相互独立的区域：E2、E3 两格可填入 7 和 8，但其填入的相对位置暂无法确定，而剩余的三个空格就不必再考虑填入 7 和 8 的可能性了。此时我们再以四宫除数对外的剩余三个空格为范围进行排除，容易得到 F3 =3。再由新得出的 3 向右排除，得到五宫的 3，如图 11-10 所示。

	1	2	3	4	5	6	7	8	9
A			5	6	3	7			
B				8	5	2	9		
C	6						7	5	
D		6				8		3	7
E	4	7	8						9
F	5	1		7				8	
G	8	4	6		7		3		2
H			1	3	6	4			
I				2	8		6		

图 11-9

	1	2	3	4	5	6	7	8	9
A			5	6	3	7			
B				8	5	2	9		
C	6						7	5	
D		6				8		3	7
E	4	7	8			3			9
F	5	1	3	7				8	
G	8	4	6		7		3		2
H			1	3	6	4			
I				2	8		6		

图 11-10

由数对占位解除卡点后，我们便可以回归宫内排除法了。通过宫内排除，五宫得到 F6 =6；顺势向右排除可得到六宫的 6，再向上排除易得三宫的 6，至此全盘的 6 已全解。继续观察三宫，排除得到 C9 =3。此时观察 F 行，行内只剩下三个空格，可以通过行列排除法进行补全：F5 =9，F7 =2，F9 =4；有了 F7 的 2 向上排除，得到三宫的 2，如图 11－11 所示。

观察九宫，宫内排除，得到 I8 =4；然后顺势向上排除可以补全三宫中剩余的三个空格；由新填出的三宫的 1 和 8 顺势向下排除，可以得到九宫的 1 和 8；随即补全九宫的剩余三个空格。由新填出的 G8 =9 顺势向左排除，得到 I6 =9；此时 6 列中剩余的两个空格容易通过行列排除依次补全；随即补全八宫、二宫中的剩余空格，如图 11－12 所示。

	1	2	3	4	5	6	7	8	9
A			5	6	3	7		2	
B				8	5	2	9		6
C	6						7	5	3
D		6				8		3	7
E	4	7	8			3		6	9
F	5	1	3	7	9	6	2	8	4
G	8	4	6		7		3		2
H			1	3	6	4			
I				2	8		6		

图 11－11

	1	2	3	4	5	6	7	8	9
A			5	6	3	7	4	2	8
B				8	5	2	9	1	6
C	6			9	4	1	7	5	3
D		6				8		3	7
E	4	7	8			3		6	9
F	5	1	3	7	9	6	2	8	4
G	8	4	6	1	7	5	3	9	2
H			1	3	6	4	8	7	5
I				2	8	9	6	4	1

图 11－12

观察 4 列，由行列排除法可轻易补全剩余两格；然后由新得到的 E4 =5 横向排除，可补全六宫剩余两格；由 E7 的 1 横向排除，可补全五宫剩余两格；继续观察 A 行，由行列排除易补全剩余两格；再由新填出的 A2 =9 向下排除可解出七宫的 9；随即补全 H 行的空格；由宫内排除不难补全七宫中剩余的三个空格。由新得到的 I3 =7 向上排除，即可解锁原先四宫的 7 和 8 数对：E2 =7，E3 =8。如图 11－13 所示。

剩下的一宫和四宫仅用宫内排除法即可轻松全解，在此不再赘述，最终结果如图 11－14 所示。

	1	2	3	4	5	6	7	8	9
A	1	9	5	6	3	7	4	2	8
B				8	5	2	9	1	6
C	6			9	4	1	7	5	3
D		6		4	1	8	5	3	7
E	4	7	8	5	2	3	1	6	9
F	5	1	3	7	9	6	2	8	4
G	8	4	6	1	7	5	3	9	2
H	9	2	1	3	6	4	8	7	5
I	3	5	7	2	8	9	6	4	1

图 11－13

	1	2	3	4	5	6	7	8	9
A	1	9	5	6	3	7	4	2	8
B	7	3	4	8	5	2	9	1	6
C	6	8	2	9	4	1	7	5	3
D	2	6	9	4	1	8	5	3	7
E	4	7	8	5	2	3	1	6	9
F	5	1	3	7	9	6	2	8	4
G	8	4	6	1	7	5	3	9	2
H	9	2	1	3	6	4	8	7	5
I	3	5	7	2	8	9	6	4	1

图 11－14

四、本章总结

本章学习了全新的排除方法——数对占位法。利用数对进行排除与其余排除法不同的地方在于“占位”的用途。当在同一宫中，某两个数的可能填入位置为相同的两个格，那么这两个格便构成了这两个数字的数对。由此数对的加入，将该宫内的所有空格分成了两个相互独立的区域：数对两格数字组合已确定，只是填入的相对位置暂不确定；而数对外的剩余空格也同样意味着不再存在填入这两个数字的可能性。实际上，我们真正用得较多的是数对本身的可能性排除，即数对所在两格不可能再有填入其他数字的可能性，因为我们本身就是通过排除其余格填入数字的可能性才得到的数对区域。

另外，请大家注意，如果数对本身是“长条矩形”区域，我们不需要刻意去寻找某宫内的数对，否则会浪费时间。我们不妨对排除所得的区块进行自然标注（不论有无排除作用），在依次标注的过程中，便会自然地遇到不同数字的区块标在完全相同的两格的情况，至此，数对便自然而然地形成了，从而大大简化了解题中的观察过程。

五、本章练习题

第 101 题　　　　用时：________

	4		1			3		
		9			6			5
6			7	4			9	
	5					1		2
		4				5		
7		2					6	
	8			1	7			3
3			4			2		
		6			3		1	

第 102 题　　　　用时：________

4								7
		5	9		6	1		
	6						9	
		6		7		9		
3	5		6		9		7	8
		2		1		4		
	9						8	
		7	3		2	6		
6								1

第 103 题　　　　用时：________

			1			3		
		6	4		8			
	7	8		5				6
4	5				6		1	
		9		1		6		
	6		3				9	5
5				2		7	3	
			7		5	2		
		4			1			

第 104 题　　　　用时：________

		9				7		
1	7		6				4	5
				4				
	8	2	1					
4		5				6		8
					2	1	5	
				2				
8	5				7		1	2
		3				8		

第105题　　　用时：_____

7					3	8		
						6		
			9	7	4		3	2
8	4							
6		7		4		5		8
							1	7
2	7		5	1	3			
		9						
		5		8				3

第106题　　　用时：_____

		8	1			3		
			5		8	2		
2	4							7
	3			1			2	9
			2		3			
1	8			6			3	
8							4	3
			3	6		7		
				1		4	9	

第 107 题　　　　用时：________

1			9			5		
	4			8	3			
		8				3		9
4				7			3	
	3		2		1		9	
	9			3				6
7		4				2		
			3	6			5	
		9			8			1

第 108 题　　　　用时：________

					6			
9						5	4	
2			1				9	
		7	9	3				
1		8				7		5
				1	5	2		
	1				7			4
	8	5						1
			4					

第109题　　用时:_____

	3	2			1			7
5		7		3				
9	1		5					
		8	3					1
	2						3	
7					6	4		
				8			4	9
			9			1		6
4			2			8	7	

第110题　　用时:_____

7	8					1	2	
5	1	6		2		3	4	
	4			8			7	
			1		9			
	8			5			1	
1	5	7		3		4	6	
	6	2				7	8	

第十二章
数对占位法进阶

"码"上听课

扫码关注公众号
回复"数独入门"
免费获取配套课程

6 7 4 3 2 9 8 1 5

本章知识点

1. 学习数对的“非矩形”占位排除方法；
2. 由数对的占位解决行列排除问题。

学习目标

1. 熟练掌握各种形状的数对占位方法；
2. 既要学会当前数对对宫内空格的占位排除法，又要掌握对行列的占位排除；
3. 在各种情况下能够迅速观察出数对，并加以利用；
4. 能够用数对占位法解决有24个已知数的标准数独题。

经过上一章对数对占位法的学习，相信大家已经初步掌握了最基本的“长条矩形”状“数对”对宫内的占位排除法，我们首先简单复习一下。对于“长条状”的数对，我们一般是通过自然而然的标注区块而得到的，当同宫中不同数字的区块区域相互“重合”，且重合区域为两格时，我们便得到了这两个数的数对。此处数对的作用除排除了宫内其余格填入这两个数的可能性外，更重要的一个作用是限制了数对区域只可能填入这两个数，从而排除了这两格内填入其他数字的可能性。数对的出现也意味着，我们把宫内的空格分为了两个互不相干的区域，而我们可以将原先的宫内排除缩小范围，直接进行除数对区域外的剩余空格的“域”内排除。

一、数对占位法示意图

在上一章中,我们主要针对一般的数对占位进行了详细的讲解,但是数对不仅限于"条状"结构。如图 12-1 所示,观察九宫,经排除得到九宫的 5 和 7 均只可能填在 H8、I9 两格,由此形成"斜状"的 5 和 7 数对。占位的原理类似,5 和 7 数对意味着数字 5 和 7 应填在 H8、I9 两格,但填入的相对位置暂不确定,这便排除了这两格填入其他数字的可能性。这时,我们再用宫内排除,因此九宫的 2 只可能填在唯一的位置 H7 中,如图 12-2 所示。

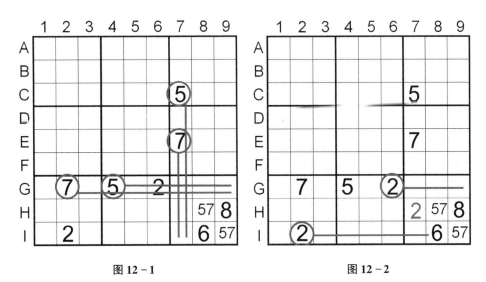

图 12-1　　　　　　图 12-2

这里我们讲解的数对是"斜状"的,与上一章所讲的不同的是,这种数对无法通过区块的自然标注而得到,因为"斜状"区域不属于我们定义的区块,在解题过程中一般不做标注,这样一来,此类"斜状"数对只能通过刻意观察而得到。因此在解题过程中,如遇到某个数在宫内的可能性为两格,且这两格是"斜向"的,我们不妨顺势多观察一步,看看有没有其他数字的可能性范围也在这两格,或往排除结构相同的方向寻找看看。这种"斜状"数对在观察难度上有了一定的提升,希望大家多多巩固练习,熟能生巧!

至此我们主要讲解了"数对"对宫内排除的"占位"作用,实际上,有时

"长条"状数对也有对行列的"占位"作用。如图12-3所示,先通过简单的排除得到四宫中的2和3数对,由此使得D1、D2两格不可再填入其他数字,换句话说就是宫内剩余的两个空格应分别对应4和8。

那么这里我们不采取这种排除方式,而是从行列的角度体会该数对的占位作用。如图12-4所示,观察D行,有了2和3数对的占位,意味着D1、D2两格只能填入2和3,没有填入其他数字的可能性,由此也自然排除了填入8的可能性,再通过行外其余的数字线索,得到D行的8只可能填在D5格,这便是数对占位的行列排除角度。

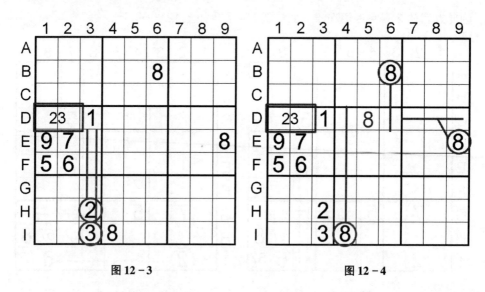

图12-3　　　　　　　图12-4

"条状"数对的作用可以是对宫内空格的占位,也可以是对行列空格的占位。在实际解题中究竟采取哪种,关键在于标注数对后的某行、列或宫是否通过占位得到唯一的可能填入的位置,这也需要大家多加练习!

二、真题卡点讲解

下面我们看一道真题,如图12-5所示。本题已解决过半,此处可以用各种方法突破卡点,我们先选用数对占位行列的排除方法。由E4的3和E6的2分别横向排除,容易得到六宫中的2和3数对,这意味着,F8、F9两格只可能填入2或3，虽填入的相对位置暂不确定，却也排除了填入别的数字的可能性。这样一来，我们观察F行，有了F8、F9的数对占位，再加上B2 =1的纵向排除，容易补全除数对外的剩余两个空格：F5 =1，F2 =9。

	1	2	3	4	5	6	7	8	9
A			2		5	6		9	
B	6	(1)	9		3			5	4
C	5	7				4			
D				6			5	7	8
E	7	5		3		2	6		9
F	8	9	6	5	1	7	4	23	
G				4	6		2	8	5
H	2				7		3	6	1
I		6		8	2		9	4	7

图12-5

在此我们强调，此处用这种方法并不是最佳的解决措施，只是为了体会一下刚学的排除角度，在后续紧张的做题时间中，多一种应对措施不失为一线“生机”。

三、例题详解

有了数对占位的学习，我们便可以解决已知数较少的题目了。下面请大家完成图12-6中的题目。遇到标准数独题目时，我们一般是从宫内排除法入手解题。宫内排除得到二宫、九宫的2；然后经排除可得八宫的9、六宫的3、五宫的4；对九宫继续进行宫内排除可得G7 =6，由此向左排除可得七宫的6；接着我们观察I行，由行列排除易得I5 =8，如图12-7所示。

至此，基本的排除法已经不能够继续下一步了，我们考虑使用数对占位法。一宫中，经排除得到3和6数对：B3、C3；二宫中排除可得到1的区块，利用该区块向左排除，再加上一宫内3和6数对的占位，易得B2 =1。在此强调一点，B3、C3 构成 3 和 6 数对后，其本质分别为 3 和 6 的区块并不改变，因此这里的数对除了有占位的作用，还可以有区块本身的向下排除作用。由此我们可以利用这里 6 的区块向下排除，再经行列排除后，容易得到 E 行唯一可以填入 6 的位置：E1 =6，如图 12 – 8 所示。

我们观察九宫，得到 4 的区块：G8、I8，由此区块向上排除，观察 B 行，再加上 B3 格数对的占位限制，可以得到 B9 =4（此处也可以通过普通的行列排除法直接得到），如图 12 – 9 所示。

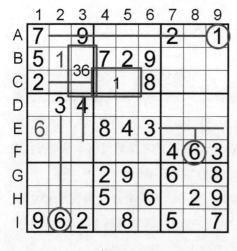

	1	2	3	4	5	6	7	8	9
A	7		9				2		1
B	5			7		9			
C	2					8			
D		3	4						
E				8		3			
F							4	6	
G				2					8
H				5		6			9
I	9		2				5		7

图 12 – 6

	1	2	3	4	5	6	7	8	9
A	7		9				2		1
B	5			7	2	9			
C	2					8			
D		3	4						
E				8	4	3			
F							4	6	3
G				2	9		6		8
H				5		6		2	9
I	9	6	2		8		5		7

图 12 – 7

	1	2	3	4	5	6	7	8	9
A	7		9				2		1
B	5	1	36	7	2	9			
C	2				1	8			
D		3	4						
E	6			8	4	3			
F							4	6	3
G				2	9		6		8
H				5		6		2	9
I	9	6	2		8		5		7

图 12 – 8

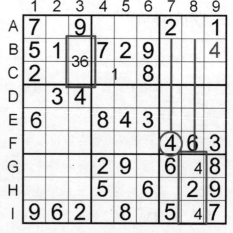

	1	2	3	4	5	6	7	8	9
A	7		9				2		1
B	5	1	36	7	2	9			4
C	2				1	8			
D		3	4						
E	6			8	4	3			
F							4	6	3
G				2	9		6	4	8
H				5		6		2	9
I	9	6	2		8		5	4	7

图 12 – 9

下面我们可以回归宫内排除法了，三宫中，宫内排除，得到 C9 =6；由此处的 6 便可以横向排除，从而解锁原先一宫中的 3 和 6 数对了：B3 =6，C3 =3；一宫中的剩余两格也可以通过排除补全。观察 H 行，由行列排除可得 H1 =4；然后继续对七宫进行宫内排除可以得到 H3 =8，G1 =3；至此七宫只剩下三个空格，可通过宫内排除法依次补全，如图 12－10 所示。

下面我们通过行列排除法补全 G 行的剩余两个空格；观察 F 行，由行列排除可得 F1 =8；顺势补全 1 列中仅剩的一个空格。至此又到了一个新的卡点，我们再次采用数对占位法突破卡点：观察二宫，经排除得到 3 和 6 数对：A4、A5，由此数对的占位，可以经行列排除解出 A 行中剩余的两个空格：A6 =4，A8 =5，如图 12－11 所示。

	1	2	3	4	5	6	7	8	9
A	7	8	9				2		1
B	5	1	6	7	2	9			4
C	2	4	3		1	8			6
D		3	4						
E	6			8	4	3			
F							4	6	3
G	3	5	1	2	9		6	4	8
H	4	7	8	5		6		2	9
I	9	6	2		8		5	4	7

图 12－10

	1	2	3	4	5	6	7	8	9
A	7	8	9	3	6	4	2	5	1
B	5	1	6	7	2	9			4
C	2	4	3		1	8			6
D	1	3	4						
E	6			8	4	3			
F	8						4	6	3
G	3	5	1	2	9	7	6	4	8
H	4	7	8	5		6		2	9
I	9	6	2		8		5		7

图 12－11

解题进行到这一步就没有太大难度了，我们继续回归宫内排除。首先将八宫的缺失三个数字排除补全，然后再补全九宫的两个空格；接着我们可以由八宫新填出的 3 向上排除，解锁二宫中的 3 和 6 数对；顺势通过排除可以补全二宫剩余的两个空格；通过行列排除补全 4 列、5 列的剩余两个空格；然后由行列排除可以补全 B 行、2 列的剩余两个空格，如图 12－12

所示。

　　本题已进入最后的收尾阶段，后续仅需通过简单的宫内排除法即可解出全盘，建议先全解六宫后，剩余诸行诸列便可轻松补空，在此不再赘述，全盘答案如图 12-13 所示。

	1	2	3	4	5	6	7	8	9
A	7	8	9	3	6	4	2	5	1
B	5	1	6	7	2	9	3	8	4
C	2	4	3	1	5	8			6
D	1	3	4	6	7				
E	6	9		8	4	3			
F	8	2		9	1		4	6	3
G	3	5	1	2	9	7	6	4	8
H	4	7	8	5	3	6	1	2	9
I	9	6	2	4	8	1	5	3	7

图 12-12

	1	2	3	4	5	6	7	8	9
A	7	8	9	3	6	4	2	5	1
B	5	1	6	7	2	9	3	8	4
C	2	4	3	1	5	8	9	7	6
D	1	3	4	6	7	2	8	9	5
E	6	9	5	8	4	3	7	1	2
F	8	2	7	9	1	5	4	6	3
G	3	5	1	2	9	7	6	4	8
H	4	7	8	5	3	6	1	2	9
I	9	6	2	4	8	1	5	3	7

图 12-13

四、本章总结

　　本章继续学习了数对占位法的应用及原理，主要针对特殊形状的"斜向"数对区域的占位，以及如何从数对占位的角度分析行列排除。数对在今后的数独解题过程中十分常用。今后做题若遇到高难度的卡点，或许需要连续使用数对占位，也就是说在宫内某数对以外的空格区域内进行排除，却又得到了另一个数对的情况，这种情况意味着通过若干组数对的占位，将原宫内的空格分成了若干个互不相干的区域，我们可以分别在各个区域（包括数对本身，这里一个数对代表一个区域，而宫内所有不属于任何数对范围内的空格为另一区域）内进行"域"内排除，从而大大降低了解题过程中的观察难度。

五、本章练习题

第 111 题　　　　用时：________

	1		2			6		
							3	4
	6			7	3			
1			8			2		3
		8		9		5		
4		9			1			8
			5	3			2	
9	4							
		3			7		8	

第 112 题　　　　用时：________

						9		
	6	7		9				
	1		7			3		6
2					6			8
			8		7			
6			3					4
5		4			8		9	
				2		4	5	
		1						

第 113 题　　　　用时：________

6				2	5			
		2				7		
1		9		6				
	3				8			1
8			2		1			3
4			5				8	
				8		3		4
		3				6		
			9	1				5

第 114 题　　　　用时：________

5		3			9		4	
8				6				
					5		9	1
		8				4	6	
			9	5	3			
	3	7				1		
1	8		2					
				9				7
	2		5			8		4

第 115 题　　　　用时：________

6				7	1			
			2		3		7	
7		4				5		1
	4			8	2			
		5				2		
			6	3			4	
5		9				1		4
	6		1		4			
			3	9				8

第 116 题　　　　用时：________

		9	8				1	
			9	6				7
		3					5	
1			6		2			
9								1
			5		4			8
	3					2		
8				7	1			
	4				6	1		

第117题   用时：_____

3	8							
9		5		6		8		
	2			5	8		3	
			4			5		
	5	7				1	8	
		9			6			
	1		2	9			6	
		2		3		7		8
							1	9

第118题   用时：_____

				4	2		5	
					8		6	2
		7			6		1	
			6			2		5
6	5						7	1
7		4			3			
	8		2			5		
5		9		6				
	6		8	9				

第 119 题　　　　用时：_____

				7		1		3
8	2				6			
		3		5				2
	4		5		1		2	
		5					4	
		8		4		7		1
5					6		9	
				7			5	8
7		9			4			

第 120 题　　　　用时：_____

		4		8			2	
5	2						9	3
				5	1			
6					3			8
		2					5	
9			5					1
				1	3			
8	9						1	7
		3			7		8	

```
  8
       6
 7  4  3   2

   1   5  9
```

第十三章

综合练习

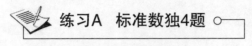

练习A 标准数独4题

（限时：40分钟）

第 A1 题　　　　　用时：________

				1		2	7	
4		9	3		7			
8				6			9	
	5		6		9		2	
3		2				8		9
	9		7		8		5	
	8			9				7
			2		3	6		5
	3	6		5				

第 A2 题　　　　　用时：________

5		7		4			8	
			1	7		9		5
6		1					2	
	7		3		2			
2	6						4	9
			5		4		3	
	1					8		2
9		4		3	8			
	5			2		4		3

第 A3 题　　　用时：_____

3		8						9
			8		9			
		5		4		8		6
	3		2		4		6	
		4				9		
	8		7		6		5	
2		1		3		6		
			5		7			
5						4		3

第 A4 题　　　用时：_____

				1				6
	6					3		
			2	3	6		8	
4		8		6		5		
		2	9		3	4		
		3		1		9		2
	2		4	9	1			
		4					3	
1					7			

练习B　标准数独6题

（限时：60分钟）

第 B1 题　　　　用时：＿＿＿＿

		2		1	8	5		
	1							2
	7		9		6			1
1		4		9		2		5
			8		5			
9		5		1		6		8
4				5		2		8
2						5		
		3	6	4		9		

第 B2 题　　　　用时：＿＿＿＿

			1		6		5	8
	3		5		8			6
5		6						9
	6		9		1		5	
8								1
	7		6		5		4	
2						3		7
6			8		7		9	
9	5		3		8			

第 B3 题　　　　用时：_____

	7		5			8		
			2	7				9
8		4				1		
			1		5		6	3
	3						2	
2	5		7		3			
		8				7		6
7				1	9			
		5			7		8	

第 B4 题　　　　用时：_____

				8				
	4						2	
9			7		3			5
7		3	2		8	1		9
		8				4		
4		1	9		5	6		3
1			8		6			7
	8						1	
				2				

第 B5 题　　　　用时：________

			7		5			
3	4	1				2		
	6							8
1		6			2		3	
			8		1			
	3		4			1		2
9							2	
		8				9	1	3
			2		7			

第 B6 题　　　　用时：________

7		3		9				
			5		3	9		
2						6	8	
	6				7		4	
3								9
	2		4				1	
	1	2						5
		8	9		4			
				5		4		1

附 录
数独练习题答案

第1题

3	2	4	1
4	1	2	3
2	3	1	4
1	4	3	2

第2题

4	3	1	2
1	2	3	4
3	4	2	1
2	1	4	3

第3题

1	2	3	4
4	3	2	1
2	4	1	3
3	1	4	2

第4题

2	3	4	1
1	4	2	3
3	2	1	4
4	1	3	2

第5题

1	3	2	4
2	4	3	1
3	1	4	2
4	2	1	3

第6题

1	2	3	4
4	3	1	2
3	4	2	1
2	1	4	3

6 7 4 3 2 9 8 1 5

第 7 题

3	2	4	1
1	4	2	3
4	3	1	2
2	1	3	4

第 8 题

2	4	3	1
3	1	4	2
4	2	1	3
1	3	2	4

第 9 题

3	2	4	1
1	4	3	2
2	3	1	4
4	1	2	3

第 10 题

3	1	2	4
2	4	3	1
4	3	1	2
1	2	4	3

第 11 题

5	2	3	6	4	1
6	4	1	5	2	3
2	3	5	4	1	6
1	6	4	3	5	2
3	5	2	1	6	4
4	1	6	2	3	5

第 12 题

1	5	4	3	2	6
6	2	3	4	1	5
2	4	6	5	3	1
3	1	5	6	4	2
5	3	2	1	6	4
4	6	1	2	5	3

6 7 4 3 2 9 8 1 5

第13题

6	3	2	5	1	4
5	1	4	3	2	6
1	4	5	2	6	3
3	2	6	1	4	5
2	6	3	4	5	1
4	5	1	6	3	2

第14题

5	6	4	2	3	1
1	2	3	5	6	4
2	4	5	3	1	6
6	3	1	4	2	5
3	5	6	1	4	2
4	1	2	6	5	3

第15题

6	5	2	3	1	4
1	3	4	6	5	2
5	4	1	2	6	3
2	6	3	5	4	1
4	2	5	1	3	6
3	1	6	4	2	5

第16题

2	3	1	6	4	5
4	5	6	3	2	1
1	6	5	4	3	2
3	2	4	1	5	6
6	4	2	5	1	3
5	1	3	2	6	4

第17题

2	4	6	3	1	5
1	3	5	4	2	6
5	6	3	1	4	2
4	1	2	5	6	3
3	2	1	6	5	4
6	5	4	2	3	1

第18题

4	3	5	6	1	2
1	6	2	4	5	3
2	1	3	5	4	6
6	5	4	3	2	1
5	2	6	1	3	4
3	4	1	2	6	5

6 7 4 3 2 9 8 1 5

第 19 题

5	6	2	3	4	1
3	4	1	2	5	6
4	2	5	6	1	3
1	3	6	4	2	5
2	1	3	5	6	4
6	5	4	1	3	2

第 20 题

5	6	4	2	1	3
3	1	2	5	4	6
6	4	5	3	2	1
1	2	3	4	6	5
4	5	6	1	3	2
2	3	1	6	5	4

第 21 题

5	1	4	3	6	2
2	6	3	1	5	4
6	5	1	2	4	3
4	3	2	6	1	5
3	4	6	5	2	1
1	2	5	4	3	6

第 22 题

6	5	1	3	4	2
4	2	3	5	1	6
2	1	6	4	3	5
5	3	4	2	6	1
1	4	5	6	2	3
3	6	2	1	5	4

第 23 题

5	3	4	2	1	6
6	1	2	5	4	3
2	4	6	3	5	1
3	5	1	6	2	4
1	2	3	4	6	5
4	6	5	1	3	2

第 24 题

6	2	1	3	4	5
5	4	3	2	1	6
4	5	2	6	3	1
3	1	6	4	5	2
1	6	4	5	2	3
2	3	5	1	6	4

第 25 题

4	1	3	6	5	2
5	2	6	4	1	3
2	5	4	3	6	1
3	6	1	5	2	4
6	3	2	1	4	5
1	4	5	2	3	6

第 26 题

4	5	3	1	6	2
1	2	6	5	4	3
3	1	4	2	5	6
5	6	2	4	3	1
6	4	1	3	2	5
2	3	5	6	1	4

第 27 题

3	4	2	1	5	6
1	5	6	3	4	2
5	2	1	4	6	3
6	3	4	5	2	1
4	6	3	2	1	5
2	1	5	6	3	4

第 28 题

2	4	5	3	1	6
1	6	3	2	4	5
3	1	6	5	2	4
4	5	2	6	3	1
5	3	4	1	6	2
6	2	1	4	5	3

第 29 题

3	1	5	2	6	4
4	2	6	3	1	5
5	6	4	1	2	3
2	3	1	5	4	6
6	5	2	4	3	1
1	4	3	6	5	2

第 30 题

2	6	1	4	5	3
4	5	3	6	2	1
1	4	5	3	6	2
3	2	6	1	4	5
5	3	4	2	1	6
6	1	2	5	3	4

第 31 题

2	1	3	8	7	5	9	6	4
4	8	7	1	6	9	2	3	5
9	5	6	2	4	3	7	1	8
6	7	2	4	9	1	5	8	3
1	3	5	6	8	2	4	9	7
8	4	9	3	5	7	6	2	1
3	9	4	7	2	8	1	5	6
5	6	8	9	1	4	3	7	2
7	2	1	5	3	6	8	4	9

第 32 题

8	9	7	1	2	5	3	4	6
1	2	4	6	9	3	8	5	7
5	6	3	8	4	7	9	1	2
9	5	6	2	3	1	4	7	8
7	4	2	9	8	6	1	3	5
3	8	1	7	5	4	2	6	9
2	7	5	4	1	8	6	9	3
6	1	9	3	7	2	5	8	4
4	3	8	5	6	9	7	2	1

第 33 题

5	4	1	3	6	8	9	7	2
6	3	7	1	2	9	5	4	8
2	9	8	7	5	4	6	3	1
8	6	5	9	3	7	2	1	4
7	2	4	5	8	1	3	9	6
9	1	3	2	4	6	7	8	5
4	5	2	8	7	3	1	6	9
1	7	6	4	9	2	8	5	3
3	8	9	6	1	5	4	2	7

第 34 题

7	4	1	6	3	9	2	8	5
3	6	5	2	7	8	1	9	4
8	9	2	5	1	4	6	7	3
5	3	6	7	9	2	4	1	8
1	7	8	3	4	5	9	2	6
4	2	9	1	8	6	5	3	7
6	8	7	9	5	1	3	4	2
2	1	3	4	6	7	8	5	9
9	5	4	8	2	3	7	6	1

第 35 题

9	2	3	1	4	8	6	5	7
8	6	1	5	2	7	3	9	4
7	4	5	9	3	6	8	1	2
6	5	2	7	8	9	1	4	3
1	8	9	4	5	3	7	2	6
3	7	4	2	6	1	9	8	5
4	1	8	6	7	5	2	3	9
2	9	6	3	1	4	5	7	8
5	3	7	8	9	2	4	6	1

第 36 题

4	9	1	5	2	6	7	8	3
6	8	5	7	3	1	9	4	2
7	2	3	9	8	4	5	1	6
8	5	4	6	7	3	1	2	9
9	3	7	4	1	2	8	6	5
2	1	6	8	5	9	4	3	7
5	6	8	3	4	7	2	9	1
3	7	2	1	9	8	6	5	4
1	4	9	2	6	5	3	7	8

6 7 4 3 2 9 8 1 5

第 37 题

8	6	7	5	9	4	1	2	3
3	9	1	6	8	2	5	4	7
5	4	2	1	3	7	9	6	8
7	1	4	8	5	9	2	3	6
6	3	5	4	2	1	8	7	9
9	2	8	3	7	6	4	1	5
2	5	3	7	1	8	6	9	4
4	8	9	2	6	3	7	5	1
1	7	6	9	4	5	3	8	2

第 38 题

3	6	2	4	7	8	1	5	9
7	5	4	1	6	9	3	8	2
1	9	8	2	5	3	6	4	7
4	8	7	9	3	6	5	2	1
6	1	5	8	2	7	9	3	4
9	2	3	5	4	1	7	6	8
5	7	1	3	8	2	4	9	6
2	4	6	7	9	5	8	1	3
8	3	9	6	1	4	2	7	5

第 39 题

4	9	2	3	1	8	7	5	6
8	1	7	2	5	6	9	3	4
3	6	5	7	4	9	2	8	1
6	7	8	4	3	1	5	9	2
1	2	9	6	7	5	8	4	3
5	3	4	8	9	2	6	1	7
9	5	6	1	2	3	4	7	8
7	8	1	5	6	4	3	2	9
2	4	3	9	8	7	1	6	5

第 40 题

5	6	2	3	9	8	7	4	1
8	9	7	4	6	1	2	5	3
4	1	3	5	7	2	8	9	6
7	4	5	9	1	6	3	2	8
6	2	8	7	4	3	5	1	9
1	3	9	8	2	5	6	7	4
9	8	4	6	5	7	1	3	2
3	7	1	2	8	4	9	6	5
2	5	6	1	3	9	4	8	7

第 41 题

1	4	8	3	9	2	5	6	7
2	5	7	6	1	4	8	9	3
3	6	9	5	8	7	2	1	4
7	3	1	8	4	6	9	5	2
5	9	6	2	7	3	1	4	8
8	2	4	1	5	9	3	7	6
6	1	2	7	3	5	4	8	9
9	8	3	4	6	1	7	2	5
4	7	5	9	2	8	6	3	1

第 42 题

5	9	8	4	1	6	2	7	3
7	4	2	5	3	9	1	6	8
1	6	3	7	2	8	5	4	9
4	7	5	6	9	2	3	8	1
6	2	1	3	8	7	9	5	4
3	8	9	1	5	4	7	2	6
9	5	6	8	7	1	4	3	2
8	1	7	2	4	3	6	9	5
2	3	4	9	6	5	8	1	7

第 43 题

1	4	6	8	9	5	2	3	7
8	7	9	2	3	4	1	5	6
3	2	5	6	7	1	8	4	9
7	3	1	4	6	8	9	2	5
2	5	4	9	1	7	6	8	3
9	6	8	3	5	2	4	7	1
6	8	3	7	4	9	5	1	2
5	9	2	1	8	3	7	6	4
4	1	7	5	2	6	3	9	8

第 44 题

8	9	3	2	5	1	4	6	7
1	7	6	3	4	8	5	2	9
5	4	2	7	9	6	8	1	3
2	3	8	5	6	4	7	9	1
6	1	7	9	8	2	3	4	5
4	5	9	1	3	7	6	8	2
7	8	5	4	2	9	1	3	6
9	6	1	8	7	3	2	5	4
3	2	4	6	1	5	9	7	8

第 45 题

1	4	5	8	6	9	2	3	7
9	8	2	3	7	5	6	4	1
3	6	7	2	4	1	9	5	8
4	7	6	5	1	8	3	9	2
2	1	3	7	9	6	5	8	4
5	9	8	4	2	3	1	7	6
6	3	4	9	8	2	7	1	5
8	2	9	1	5	7	4	6	3
7	5	1	6	3	4	8	2	9

第 46 题

6	8	2	9	4	5	7	3	1
1	4	3	6	2	7	8	5	9
7	5	9	3	8	1	6	4	2
2	3	5	1	9	8	4	6	7
4	1	8	2	7	6	5	9	3
9	6	7	5	3	4	1	2	8
5	9	6	7	1	3	2	8	4
3	7	4	8	6	2	9	1	5
8	2	1	4	5	9	3	7	6

第 47 题

4	1	5	8	7	3	6	9	2
8	9	6	2	4	5	1	7	3
7	2	3	1	6	9	4	8	5
2	6	9	4	8	1	3	5	7
5	7	4	9	3	2	8	6	1
1	3	8	7	5	6	2	4	9
9	4	2	6	1	7	5	3	8
3	8	7	5	2	4	9	1	6
6	5	1	3	9	8	7	2	4

第 48 题

3	2	5	9	4	8	1	6	7
9	1	4	7	6	3	5	8	2
6	7	8	5	1	2	3	9	4
4	9	2	6	8	1	7	3	5
8	6	3	4	5	7	9	2	1
7	5	1	2	3	9	6	4	8
1	3	9	8	7	4	2	5	6
5	8	7	3	2	6	4	1	9
2	4	6	1	9	5	8	7	3

第49题

1	4	9	2	7	5	3	6	8
2	8	5	6	3	9	1	7	4
3	6	7	4	8	1	5	9	2
6	9	1	7	5	2	8	4	3
5	7	8	3	9	4	2	1	6
4	3	2	1	6	8	9	5	7
7	1	3	5	2	6	4	8	9
9	2	4	8	1	7	6	3	5
8	5	6	9	4	3	7	2	1

第50题

5	6	4	7	9	2	8	3	1
1	8	3	6	4	5	2	9	7
9	7	2	3	1	8	5	6	4
4	5	7	2	3	9	1	8	6
3	9	6	8	7	1	4	5	2
2	1	8	5	6	4	3	7	9
8	4	5	9	2	6	7	1	3
7	2	9	1	8	3	6	4	5
6	3	1	4	5	7	9	2	8

第51题

7	3	9	4	5	2	1	8	6
5	6	8	3	9	1	7	4	2
4	2	1	8	7	6	5	3	9
1	9	3	7	6	5	8	2	4
2	8	7	9	3	4	6	5	1
6	4	5	2	1	8	3	9	7
3	7	6	5	2	9	4	1	8
9	1	4	6	8	3	2	7	5
8	5	2	1	4	7	9	6	3

第52题

7	5	3	1	2	9	8	4	6
1	6	4	8	7	5	3	9	2
9	8	2	6	3	4	7	1	5
3	2	8	5	4	7	1	6	9
5	4	1	9	6	3	2	7	8
6	9	7	2	1	8	5	3	4
2	3	9	4	5	1	6	8	7
4	1	5	7	8	6	9	2	3
8	7	6	3	9	2	4	5	1

第53题

6	4	9	3	1	2	5	8	7
3	2	7	5	8	9	6	1	4
1	8	5	6	4	7	9	2	3
5	1	6	8	2	4	7	3	9
9	3	8	1	7	6	4	5	2
2	7	4	9	5	3	8	6	1
4	6	2	7	3	5	1	9	8
8	9	3	4	6	1	2	7	5
7	5	1	2	9	8	3	4	6

第54题

1	6	7	8	3	5	2	9	4
4	3	5	2	9	7	8	6	1
2	9	8	4	1	6	3	5	7
7	5	2	9	4	3	6	1	8
6	1	9	7	2	8	5	4	3
8	4	3	5	6	1	9	7	2
3	7	1	6	8	9	4	2	5
5	2	6	3	7	4	1	8	9
9	8	4	1	5	2	7	3	6

第55题

4	7	5	8	9	6	3	2	1
9	8	2	7	1	3	6	4	5
3	6	1	5	2	4	7	8	9
2	1	4	6	5	7	8	9	3
6	9	7	3	8	1	4	5	2
8	5	3	2	4	9	1	6	7
7	4	8	9	3	2	5	1	6
1	3	9	4	6	5	2	7	8
5	2	6	1	7	8	9	3	4

第56题

6	3	8	7	1	9	5	2	4
7	4	1	2	6	5	3	9	8
5	2	9	4	8	3	6	7	1
1	9	4	8	3	7	2	5	6
3	7	5	6	2	4	8	1	9
8	6	2	9	5	1	4	3	7
9	1	3	5	4	6	7	8	2
4	8	7	3	9	2	1	6	5
2	5	6	1	7	8	9	4	3

第57题

7	4	3	2	9	6	8	1	5
1	2	9	7	5	8	4	6	3
8	5	6	4	3	1	2	9	7
2	8	4	6	1	3	5	7	9
6	9	7	5	8	2	1	3	4
5	3	1	9	4	7	6	8	2
9	1	2	8	7	5	3	4	6
3	7	5	1	6	4	9	2	8
4	6	8	3	2	9	7	5	1

第58题

2	9	3	5	7	8	6	4	1
8	4	5	2	6	1	7	9	3
6	7	1	4	3	9	2	8	5
7	1	8	9	4	2	5	3	6
5	6	9	1	8	3	4	2	7
4	3	2	7	5	6	8	1	9
1	5	7	3	2	4	9	6	8
9	8	4	6	1	5	3	7	2
3	2	6	8	9	7	1	5	4

第59题

4	6	3	8	5	2	7	1	9
2	1	5	6	7	9	8	3	4
8	9	7	1	3	4	5	6	2
6	2	8	4	9	5	3	7	1
1	5	4	3	8	7	9	2	6
3	7	9	2	6	1	4	5	8
5	4	2	9	1	3	6	8	7
9	3	6	7	2	8	1	4	5
7	8	1	5	4	6	2	9	3

第60题

2	9	1	3	6	4	7	8	5
6	7	4	5	8	9	1	3	2
5	8	3	1	2	7	9	6	4
4	6	7	8	1	3	2	5	9
8	5	9	2	4	6	3	1	7
1	3	2	9	7	5	8	4	6
3	2	5	6	9	8	4	7	1
9	4	8	7	5	1	6	2	3
7	1	6	4	3	2	5	9	8

第 61 题

8	2	6	3	7	9	4	1	5
5	4	7	1	8	2	9	3	6
1	9	3	4	6	5	2	7	8
9	7	8	5	4	3	6	2	1
2	6	4	9	1	8	7	5	3
3	1	5	7	2	6	8	9	4
6	3	2	8	9	1	5	4	7
4	8	1	2	5	7	3	6	9
7	5	9	6	3	4	1	8	2

第 62 题

6	5	1	9	4	7	2	3	8
8	4	9	5	3	2	7	6	1
7	2	3	8	6	1	9	4	5
2	7	4	6	5	8	3	1	9
5	3	8	1	9	4	6	7	2
9	1	6	7	2	3	8	5	4
4	8	7	2	1	6	5	9	3
1	6	5	3	8	9	4	2	7
3	9	2	4	7	5	1	8	6

第 63 题

3	9	8	6	7	2	4	1	5
2	6	4	8	1	5	9	7	3
1	7	5	3	9	4	6	2	8
7	8	9	1	2	3	5	4	6
4	3	1	5	6	9	2	8	7
6	5	2	4	8	7	1	3	9
5	2	3	9	4	8	7	6	1
8	1	7	2	5	6	3	9	4
9	4	6	7	3	1	8	5	2

第 64 题

4	3	9	8	1	2	7	5	6
2	5	6	9	7	3	4	8	1
1	7	8	4	6	5	3	2	9
6	8	4	2	9	7	5	1	3
7	1	5	3	4	6	2	9	8
3	9	2	5	8	1	6	7	4
9	6	7	1	5	4	8	3	2
8	4	3	7	2	9	1	6	5
5	2	1	6	3	8	9	4	7

第 65 题

6	8	4	2	3	9	5	7	1
1	2	9	5	7	4	6	8	3
7	5	3	1	6	8	4	9	2
3	1	7	9	4	5	8	2	6
4	9	8	6	2	1	3	5	7
5	6	2	3	8	7	9	1	4
8	3	1	4	5	2	7	6	9
2	4	5	7	9	6	1	3	8
9	7	6	8	1	3	2	4	5

第 66 题

4	1	2	5	7	6	3	9	8
8	3	5	2	9	4	7	6	1
6	9	7	8	1	3	2	5	4
7	2	8	3	5	9	4	1	6
9	4	3	7	6	1	5	8	2
5	6	1	4	8	2	9	3	7
2	8	4	1	3	5	6	7	9
1	5	6	9	2	7	8	4	3
3	7	9	6	4	8	1	2	5

6 7 4 3 2 9 8 1 5

第 67 题

2	9	3	1	4	7	6	8	5
6	5	4	8	3	2	9	1	7
8	7	1	6	5	9	4	2	3
4	1	5	7	9	3	2	6	8
3	8	6	2	1	5	7	9	4
7	2	9	4	8	6	5	3	1
5	3	2	9	7	8	1	4	6
1	6	7	3	2	4	8	5	9
9	4	8	5	6	1	3	7	2

第 68 题

5	1	8	7	3	4	6	9	2
4	3	9	2	6	1	5	7	8
7	2	6	8	5	9	1	3	4
1	4	3	5	2	7	8	6	9
6	9	7	3	4	8	2	1	5
8	5	2	1	9	6	3	4	7
2	7	5	9	1	3	4	8	6
9	6	1	4	8	5	7	2	3
3	8	4	6	7	2	9	5	1

第 69 题

8	4	9	3	6	2	7	1	5
3	7	6	8	5	1	2	9	4
1	2	5	7	9	4	6	3	8
7	9	1	2	3	5	4	8	6
5	8	3	4	7	6	9	2	1
2	6	4	1	8	9	5	7	3
9	5	7	6	1	3	8	4	2
4	1	8	5	2	7	3	6	9
6	3	2	9	4	8	1	5	7

第 70 题

7	6	4	3	9	5	8	2	1
8	2	5	1	7	6	3	9	4
9	1	3	8	4	2	5	7	6
6	5	1	7	2	4	9	3	8
4	3	7	9	8	1	2	6	5
2	8	9	6	5	3	1	4	7
5	9	2	4	1	7	6	8	3
1	4	6	2	3	8	7	5	9
3	7	8	5	6	9	4	1	2

第 71 题

3	7	9	6	4	1	5	8	2
2	5	4	7	9	8	6	1	3
1	8	6	2	5	3	7	9	4
9	4	1	8	6	5	3	2	7
7	3	5	1	2	4	8	6	9
8	6	2	3	7	9	1	4	5
6	1	7	9	3	2	4	5	8
4	2	3	5	8	6	9	7	1
5	9	8	4	1	7	2	3	6

第 72 题

2	8	5	4	3	7	6	1	9
3	1	7	5	6	9	8	4	2
4	6	9	2	8	1	3	7	5
5	9	6	8	7	3	4	2	1
1	4	2	6	9	5	7	8	3
8	7	3	1	2	4	9	5	6
7	5	1	9	4	6	2	3	8
9	3	8	7	1	2	5	6	4
6	2	4	3	5	8	1	9	7

6 7 4 3 2 9 8 1 5

第 73 题

6	5	4	1	9	3	8	7	2
7	8	3	5	2	4	9	6	1
1	2	9	7	8	6	5	3	4
8	7	2	3	6	9	4	1	5
4	1	5	8	7	2	3	9	6
3	9	6	4	1	5	2	8	7
2	6	8	9	4	7	1	5	3
9	3	7	2	5	1	6	4	8
5	4	1	6	3	8	7	2	9

第 74 题

7	8	1	4	6	5	2	3	9
4	2	5	9	3	7	1	6	8
9	6	3	1	2	8	5	7	4
1	4	2	6	7	9	3	8	5
3	9	7	5	8	4	6	1	2
8	5	6	2	1	3	4	9	7
6	3	9	8	5	2	7	4	1
5	1	8	7	4	6	9	2	3
2	7	4	3	9	1	8	5	6

第 75 题

7	8	3	6	9	4	2	1	5
9	6	2	7	5	1	3	8	4
5	4	1	3	8	2	7	9	6
2	3	9	5	4	6	8	7	1
1	7	4	8	2	9	5	6	3
6	5	8	1	3	7	4	2	9
4	2	7	9	6	5	1	3	8
3	1	6	4	7	8	9	5	2
8	9	5	2	1	3	6	4	7

第 76 题

8	1	2	6	7	9	4	3	5
4	3	5	2	1	8	7	6	9
7	9	6	4	3	5	8	1	2
6	7	8	9	2	1	3	5	4
2	4	1	5	8	3	9	7	6
3	5	9	7	6	4	1	2	8
1	2	7	8	9	6	5	4	3
5	8	3	1	4	2	6	9	7
9	6	4	3	5	7	2	8	1

第 77 题

7	3	6	8	5	9	2	4	1
8	5	9	2	1	4	3	7	6
1	4	2	7	6	3	5	8	9
5	2	3	6	7	8	9	1	4
6	9	7	4	3	1	8	5	2
4	8	1	5	9	2	7	6	3
2	1	5	9	4	7	6	3	8
9	7	4	3	8	6	1	2	5
3	6	8	1	2	5	4	9	7

第 78 题

7	9	8	1	5	6	3	4	2
5	3	4	2	7	9	1	8	6
6	1	2	4	3	8	7	5	9
2	5	9	3	1	4	6	7	8
8	7	1	9	6	5	2	3	4
3	4	6	7	8	2	5	9	1
4	8	7	5	2	1	9	6	3
1	6	5	8	9	3	4	2	7
9	2	3	6	4	7	8	1	5

第 79 题

7	4	8	9	5	2	6	1	3
9	6	3	4	1	8	7	2	5
5	2	1	3	6	7	8	9	4
4	8	6	7	9	5	1	3	2
1	9	7	2	3	4	5	8	6
2	3	5	1	8	6	9	4	7
8	7	2	6	4	9	3	5	1
6	1	9	5	2	3	4	7	8
3	5	4	8	7	1	2	6	9

第 80 题

1	8	7	9	3	2	5	6	4
5	2	4	7	8	6	9	1	3
9	3	6	5	1	4	8	7	2
4	1	3	6	7	9	2	5	8
2	7	8	1	5	3	4	9	6
6	5	9	2	4	8	1	3	7
3	6	1	4	2	5	7	8	9
7	9	2	8	6	1	3	4	5
8	4	5	3	9	7	6	2	1

第 81 题

7	8	9	3	5	4	1	2	6
5	4	1	6	9	2	7	8	3
2	6	3	7	8	1	4	5	9
6	1	4	2	7	5	3	9	8
3	2	7	8	6	9	5	1	4
9	5	8	1	4	3	6	7	2
4	3	5	9	1	8	2	6	7
8	7	2	5	3	6	9	4	1
1	9	6	4	2	7	8	3	5

第 82 题

3	1	2	5	6	4	7	8	9
9	4	5	3	7	8	1	6	2
6	7	8	9	1	2	4	3	5
7	8	4	1	3	5	2	9	6
1	3	9	4	2	6	8	5	7
2	5	6	7	8	9	3	1	4
8	9	3	6	4	7	5	2	1
5	2	7	8	9	1	6	4	3
4	6	1	2	5	3	9	7	8

第 83 题

8	3	9	2	5	4	1	6	7
1	5	4	3	6	7	8	9	2
2	6	7	8	9	1	5	3	4
5	2	1	7	3	6	4	8	9
4	9	3	5	8	2	7	1	6
7	8	6	1	4	9	2	5	3
9	7	8	4	1	3	6	2	5
6	1	2	9	7	5	3	4	8
3	4	5	6	2	8	9	7	1

第 84 题

8	9	1	4	2	3	5	6	7
2	3	4	5	6	7	8	9	1
5	6	7	8	9	1	2	3	4
9	5	2	6	1	4	7	8	3
7	4	3	9	5	8	6	1	2
1	8	6	3	7	2	9	4	5
4	7	8	2	3	6	1	5	9
3	1	5	7	8	9	4	2	6
6	2	9	1	4	5	3	7	8

6 7 4 3 2 9 8 1 5

第85题

5	4	6	3	2	7	8	1	9
7	8	9	5	1	6	2	3	4
2	1	3	4	8	9	7	5	6
6	9	5	7	3	8	1	4	2
8	7	4	1	5	2	6	9	3
3	2	1	6	9	4	5	8	7
9	5	7	2	4	1	3	6	8
1	6	8	9	7	3	4	2	5
4	3	2	8	6	5	9	7	1

第86题

8	4	6	5	9	7	1	2	3
3	7	2	6	4	1	8	5	9
1	5	9	2	8	3	4	6	7
4	6	3	9	5	8	2	7	1
7	9	5	1	6	2	3	4	8
2	8	1	3	7	4	5	9	6
5	1	7	4	3	6	9	8	2
6	2	4	8	1	9	7	3	5
9	3	8	7	2	5	6	1	4

第87题

3	9	6	4	7	5	8	1	2
5	2	1	3	8	6	4	7	9
8	7	4	9	1	2	5	3	6
1	5	3	2	4	8	6	9	7
7	4	8	6	3	9	2	5	1
9	6	2	7	5	1	3	8	4
4	8	9	5	6	7	1	2	3
6	1	7	8	2	3	9	4	5
2	3	5	1	9	4	7	6	8

第88题

3	4	8	5	9	7	2	6	1
6	7	9	8	1	2	3	4	5
5	1	2	4	6	3	7	8	9
4	2	1	3	5	8	9	7	6
7	3	5	6	2	9	4	1	8
8	9	6	7	4	1	5	2	3
1	5	3	2	8	4	6	9	7
2	8	7	9	3	6	1	5	4
9	6	4	1	7	5	8	3	2

第89题

6	7	8	4	1	9	2	3	5
5	4	9	8	2	3	6	7	1
1	2	3	5	6	7	4	8	9
7	8	1	6	3	4	9	5	2
9	5	6	2	7	8	1	4	3
2	3	4	9	5	1	7	6	8
3	9	2	7	8	6	5	1	4
4	1	7	3	9	5	8	2	6
8	6	5	1	4	2	3	9	7

第90题

6	1	7	9	8	2	3	4	5
8	2	9	3	4	5	6	7	1
3	4	5	6	7	1	2	8	9
9	6	3	5	1	4	8	2	7
2	5	8	7	9	6	1	3	4
1	7	4	2	3	8	9	5	6
5	3	1	8	6	7	4	9	2
4	8	2	1	5	9	7	6	3
7	9	6	4	2	3	5	1	8

第 91 题

6	7	8	1	9	2	3	4	5
2	4	9	5	8	3	6	7	1
1	5	3	4	6	7	8	9	2
3	1	4	2	7	5	9	8	6
7	9	2	6	1	8	5	3	4
8	6	5	9	3	4	1	2	7
9	2	6	8	4	1	7	5	3
4	8	7	3	5	6	2	1	9
5	3	1	7	2	9	4	6	8

第 92 题

6	8	7	9	4	3	1	2	5
3	1	9	8	2	5	4	6	7
2	5	4	1	6	7	8	9	3
1	7	6	2	5	4	9	3	8
8	3	5	6	7	9	2	1	4
4	9	2	3	8	1	5	7	6
5	6	1	4	3	2	7	8	9
7	2	8	5	9	6	3	4	1
9	4	3	7	1	8	6	5	2

第 93 题

3	4	2	5	6	9	7	8	1
7	5	6	4	8	1	2	9	3
8	9	1	2	3	7	4	5	6
9	2	4	6	1	5	8	3	7
5	6	7	8	2	3	9	1	4
1	8	3	7	9	4	5	6	2
2	7	9	1	5	6	3	4	8
4	1	5	3	7	8	6	2	9
6	3	8	9	4	2	1	7	5

第 94 题

5	1	3	8	9	2	4	6	7
2	4	7	5	1	6	3	8	9
6	8	9	3	7	4	2	5	1
3	5	4	6	8	9	1	7	2
7	6	1	4	2	5	9	3	8
8	9	2	7	3	1	5	4	6
9	3	5	1	6	7	8	2	4
1	7	8	2	4	3	6	9	5
4	2	6	9	5	8	7	1	3

第 95 题

4	2	9	3	1	5	6	7	8
3	7	5	4	6	8	9	1	2
6	8	1	9	2	7	3	4	5
5	6	7	2	8	1	4	9	3
9	1	2	6	3	4	5	8	7
8	4	3	5	7	9	1	2	6
7	9	8	1	5	3	2	6	4
1	3	6	7	4	2	8	5	9
2	5	4	8	9	6	7	3	1

第 96 题

5	3	8	6	9	7	2	1	4
9	1	2	8	3	4	5	6	7
6	4	7	1	2	5	3	8	9
1	8	4	7	5	9	6	3	2
2	9	5	3	6	1	7	4	8
3	7	6	2	4	8	9	5	1
4	2	9	5	8	3	1	7	6
7	6	3	4	1	2	8	9	5
8	5	1	9	7	6	4	2	3

第 97 题

1	2	3	4	5	6	7	8	9
4	7	5	3	8	9	2	1	6
8	6	9	2	7	1	3	4	5
9	1	7	5	6	3	4	2	8
6	3	4	8	9	2	1	5	7
5	8	2	7	1	4	6	9	3
2	5	6	9	4	7	8	3	1
3	9	1	6	2	8	5	7	4
7	4	8	1	3	5	9	6	2

第 98 题

6	8	1	3	2	4	5	9	7
2	3	4	5	7	9	6	8	1
9	7	5	6	1	8	2	4	3
8	2	7	1	4	3	9	6	5
5	1	6	2	9	7	8	3	4
4	9	3	8	5	6	7	1	2
1	4	8	7	6	2	3	5	9
7	6	9	4	3	5	1	2	8
3	5	2	9	8	1	4	7	6

第 99 题

4	7	1	5	6	8	9	2	3
5	2	9	3	4	7	6	8	1
3	6	8	9	1	2	4	5	7
6	8	2	1	9	3	5	7	4
7	1	3	8	5	4	2	9	6
9	5	4	2	7	6	1	3	8
8	3	5	4	2	1	7	6	9
2	4	6	7	3	9	8	1	5
1	9	7	6	8	5	3	4	2

第 100 题

5	1	6	3	4	7	2	8	9
2	8	4	5	1	9	7	3	6
3	9	7	6	2	8	1	4	5
6	5	1	2	8	3	9	7	4
8	3	9	7	6	4	5	1	2
7	4	2	1	9	5	3	6	8
9	6	3	8	5	1	4	2	7
4	7	8	9	3	2	6	5	1
1	2	5	4	7	6	8	9	3

第 101 题

5	4	7	1	8	9	3	2	6
8	1	9	2	3	6	4	7	5
6	2	3	7	4	5	8	9	1
9	5	8	6	7	4	1	3	2
1	6	4	3	9	2	5	8	7
7	3	2	8	5	1	9	6	4
2	8	5	9	1	7	6	4	3
3	7	1	4	6	8	2	5	9
4	9	6	5	2	3	7	1	8

第 102 题

4	2	9	1	3	8	5	6	7
7	8	5	9	2	6	1	3	4
1	6	3	4	5	7	8	9	2
8	4	6	2	7	5	9	1	3
3	5	1	6	4	9	2	7	8
9	7	2	8	1	3	4	5	6
2	9	4	7	6	1	3	8	5
5	1	7	3	8	2	6	4	9
6	3	8	5	9	4	7	2	1

第 103 题

9	4	5	1	6	2	3	7	8
3	1	6	4	7	8	9	5	2
2	7	8	9	5	3	1	4	6
4	5	7	2	9	6	8	1	3
8	3	9	5	1	4	6	2	7
1	6	2	3	8	7	4	9	5
5	8	1	6	2	9	7	3	4
6	9	3	7	4	5	2	8	1
7	2	4	8	3	1	5	6	9

第 104 题

3	4	9	2	1	5	7	8	6
1	7	8	6	3	9	2	4	5
5	2	6	7	4	8	3	9	1
9	8	2	1	5	6	4	3	7
4	1	5	9	7	3	6	2	8
6	3	7	4	8	2	1	5	9
7	9	1	8	2	4	5	6	3
8	5	4	3	6	7	9	1	2
2	6	3	5	9	1	8	7	4

第 105 题

7	9	2	1	3	6	8	4	5
1	3	4	8	5	2	6	7	9
5	6	8	9	7	4	1	3	2
8	4	1	7	9	5	3	2	6
6	2	7	3	4	1	5	9	8
9	5	3	6	2	8	4	1	7
2	7	6	5	1	3	9	8	4
3	8	9	4	6	7	2	5	1
4	1	5	2	8	9	7	6	3

第 106 题

9	7	8	1	4	2	3	5	6
3	1	6	5	7	8	2	9	4
2	4	5	3	9	6	1	8	7
6	3	4	7	1	5	8	2	9
7	5	9	2	8	3	4	6	1
1	8	2	4	6	9	7	3	5
8	2	7	9	5	1	6	4	3
4	9	3	6	2	7	5	1	8
5	6	1	8	3	4	9	7	2

第 107 题

1	2	3	9	4	6	5	7	8
9	4	5	7	8	3	6	1	2
6	7	8	5	1	2	3	4	9
4	1	2	6	7	9	8	3	5
8	3	6	2	5	1	4	9	7
5	9	7	8	3	4	1	2	6
7	6	4	1	9	5	2	8	3
2	8	1	3	6	7	9	5	4
3	5	9	4	2	8	7	6	1

第 108 题

8	7	4	5	9	6	1	2	3
9	6	1	8	2	3	5	4	7
2	5	3	1	7	4	6	9	8
5	2	7	9	3	8	4	1	6
1	9	8	6	4	2	7	3	5
3	4	6	7	1	5	2	8	9
6	1	2	3	8	7	9	5	4
4	8	5	2	6	9	3	7	1
7	3	9	4	5	1	8	6	2

第 109 题

8	3	2	9	4	1	5	6	7
5	6	7	8	3	2	9	1	4
9	1	4	5	6	7	2	8	3
6	4	8	3	2	9	7	5	1
1	2	9	4	7	5	6	3	8
7	5	3	1	8	6	4	9	2
2	7	1	6	5	8	3	4	9
3	8	5	7	9	4	1	2	6
4	9	6	2	1	3	8	7	5

第 110 题

6	7	8	9	3	4	1	2	5
9	5	1	6	7	2	3	4	8
2	3	4	8	1	5	6	9	7
1	4	9	3	8	6	5	7	2
5	2	7	1	4	9	8	3	6
3	8	6	2	5	7	9	1	4
7	9	3	4	6	8	2	5	1
8	1	5	7	2	3	4	6	9
4	6	2	5	9	1	7	8	3

第 111 题

3	1	5	2	4	8	6	7	9
7	9	2	1	6	5	8	3	4
8	6	4	9	7	3	1	5	2
1	7	6	8	5	4	2	9	3
2	3	8	7	9	6	5	4	1
4	5	9	3	2	1	7	6	8
6	8	1	5	3	9	4	2	7
9	4	7	6	8	2	3	1	5
5	2	3	4	1	7	9	8	6

第 112 题

8	5	2	4	6	3	9	1	7
3	6	7	2	9	1	8	4	5
4	1	9	7	8	5	3	2	6
2	7	5	9	4	6	1	3	8
1	4	3	8	5	7	2	6	9
6	9	8	3	1	2	5	7	4
5	2	4	6	3	8	7	9	1
7	8	6	1	2	9	4	5	3
9	3	1	5	7	4	6	8	2

第 113 题

6	7	8	3	2	5	1	4	9
3	5	2	1	9	4	7	6	8
1	4	9	8	6	7	5	3	2
2	3	5	6	4	8	9	7	1
8	9	6	2	7	1	4	5	3
4	1	7	5	3	9	2	8	6
5	2	1	7	8	6	3	9	4
9	8	3	4	5	2	6	1	7
7	6	4	9	1	3	8	2	5

第 114 题

5	6	3	7	1	9	2	4	8
8	9	1	4	6	2	3	7	5
4	7	2	3	8	5	6	9	1
9	5	8	1	2	7	4	6	3
6	1	4	9	5	3	7	8	2
2	3	7	6	4	8	1	5	9
1	8	5	2	7	4	9	3	6
3	4	6	8	9	1	5	2	7
7	2	9	5	3	6	8	1	4

第 115 题

6	9	2	5	7	1	4	8	3
1	5	8	2	4	3	9	7	6
7	3	4	9	6	8	5	2	1
9	4	6	7	8	2	3	1	5
3	8	5	4	1	9	2	6	7
2	1	7	6	3	5	8	4	9
5	7	9	8	2	6	1	3	4
8	6	3	1	5	4	7	9	2
4	2	1	3	9	7	6	5	8

第 116 题

7	6	9	8	4	5	3	1	2
5	1	2	9	6	3	8	4	7
4	8	3	1	2	7	9	5	6
1	7	8	6	9	2	5	3	4
9	5	4	7	3	8	6	2	1
3	2	6	5	1	4	7	9	8
6	3	1	4	8	9	2	7	5
8	9	5	2	7	1	4	6	3
2	4	7	3	5	6	1	8	9

第 117 题

3	8	6	7	4	2	9	5	1
9	7	5	1	6	3	8	2	4
1	2	4	9	5	8	6	3	7
2	6	1	4	8	7	5	9	3
4	5	7	3	2	9	1	8	6
8	3	9	5	1	6	4	7	2
7	1	8	2	9	4	3	6	5
5	9	2	6	3	1	7	4	8
6	4	3	8	7	5	2	1	9

第 118 题

8	1	6	9	4	2	7	5	3
3	4	5	7	8	1	6	9	2
2	9	7	5	3	6	8	1	4
9	3	1	6	7	8	2	4	5
6	5	8	4	2	9	3	7	1
7	2	4	1	5	3	9	8	6
4	8	3	2	1	7	5	6	9
5	7	9	3	6	4	1	2	8
1	6	2	8	9	5	4	3	7

第 119 题

4	5	6	2	7	8	1	9	3
8	2	1	9	3	6	7	4	5
9	7	3	1	5	4	8	6	2
6	4	7	5	8	1	3	2	9
1	9	5	6	2	3	4	8	7
3	8	2	4	9	7	5	1	6
5	1	8	3	6	2	9	7	4
2	3	4	7	1	9	6	5	8
7	6	9	8	4	5	2	3	1

第 120 题

7	1	4	3	8	9	6	2	5
5	2	8	7	6	4	1	9	3
3	6	9	2	5	1	7	8	4
6	5	1	4	9	3	2	7	8
4	7	2	8	1	6	5	3	9
9	8	3	5	2	7	4	6	1
2	4	7	1	3	8	9	5	6
8	9	5	6	4	2	3	1	7
1	3	6	9	7	5	8	4	2

6 7 4 3 2 9 8 1 5

第 A1 题

5	6	3	9	1	4	2	7	8
4	2	9	3	8	7	5	1	6
8	1	7	5	6	2	4	9	3
1	5	8	6	3	9	7	2	4
3	7	2	1	4	5	8	6	9
6	9	4	7	2	8	3	5	1
2	8	5	4	9	6	1	3	7
9	4	1	2	7	3	6	8	5
7	3	6	8	5	1	9	4	2

第 A2 题

5	9	7	2	4	6	3	8	1
8	4	2	1	7	3	9	6	5
6	3	1	9	8	5	7	2	4
4	7	5	3	9	2	6	1	8
2	6	3	8	1	7	5	4	9
1	8	9	5	6	4	2	3	7
3	1	6	4	5	9	8	7	2
9	2	4	7	3	8	1	5	6
7	5	8	6	2	1	4	9	3

第 A3 题

3	2	8	6	1	5	7	4	9
4	1	6	8	7	9	5	3	2
9	7	5	3	4	2	8	1	6
7	3	9	2	5	4	1	6	8
6	5	4	1	8	3	9	2	7
1	8	2	7	9	6	3	5	4
2	9	1	4	3	8	6	7	5
8	4	3	5	6	7	2	9	1
5	6	7	9	2	1	4	8	3

第 A4 题

8	3	5	1	7	9	2	4	6
2	6	7	5	4	8	3	9	1
9	4	1	2	3	6	7	8	5
4	9	8	7	6	2	5	1	3
6	1	2	9	5	3	4	7	8
5	7	3	8	1	4	9	6	2
3	2	6	4	9	1	8	5	7
7	8	4	6	2	5	1	3	9
1	5	9	3	8	7	6	2	4

第 B1 题

3	4	9	2	7	1	8	5	6
6	5	1	3	4	8	7	9	2
8	7	2	9	5	6	3	4	1
1	8	4	6	9	3	2	7	5
7	6	3	8	2	5	4	1	9
9	2	5	7	1	4	6	3	8
4	1	7	5	6	2	9	8	3
2	9	8	1	3	7	5	6	4
5	3	6	4	8	9	1	2	7

第 B2 题

9	2	1	7	6	3	5	8	4
4	3	7	5	9	8	1	2	6
5	8	6	2	1	4	7	3	9
3	6	4	9	7	1	2	5	8
8	5	9	3	4	2	6	7	1
1	7	2	6	8	5	9	4	3
2	4	8	1	5	9	3	6	7
6	1	3	8	2	7	4	9	5
7	9	5	4	3	6	8	1	2

6 7 4 3 2 9 8 1 5

第 B3 题

6	7	9	5	4	1	8	3	2
5	1	3	2	7	8	6	4	9
8	2	4	9	3	6	1	7	5
4	8	7	1	2	5	9	6	3
9	3	1	6	8	4	5	2	7
2	5	6	7	9	3	4	1	8
1	4	8	3	5	2	7	9	6
7	6	2	8	1	9	3	5	4
3	9	5	4	6	7	2	8	1

第 B4 题

6	3	5	4	8	2	7	9	1
8	4	7	5	1	9	3	2	6
9	1	2	7	6	3	8	4	5
7	6	3	2	4	8	1	5	9
5	9	8	6	3	1	4	7	2
4	2	1	9	7	5	6	8	3
1	5	4	8	9	6	2	3	7
2	8	6	3	5	7	9	1	4
3	7	9	1	2	4	5	6	8

第 B5 题

8	9	2	7	4	5	3	6	1
3	4	1	6	8	9	2	5	7
5	6	7	1	2	3	4	9	8
1	8	6	9	7	2	5	3	4
4	2	5	8	3	1	6	7	9
7	3	9	4	5	6	1	8	2
9	5	4	3	1	8	7	2	6
2	7	8	5	6	4	9	1	3
6	1	3	2	9	7	8	4	5

第 B6 题

7	4	3	6	9	8	1	5	2
1	8	6	5	2	3	9	7	4
2	5	9	7	4	1	6	8	3
9	6	1	2	3	7	5	4	8
3	7	4	1	8	5	2	6	9
8	2	5	4	6	9	3	1	7
4	1	2	3	7	6	8	9	5
5	3	8	9	1	4	7	2	6
6	9	7	8	5	2	4	3	1